A REVOLUÇÃO DA ATENÇÃO

Dados Internacionais de Catalogação na Publicação (CIP)
(Câmara Brasileira do Livro, SP, Brasil)

Wallace, B. Alan
    A revolução da atenção : revelando o poder da mente focada / B. Alan Wallace ; prefácio de Daniel Goleman ; tradução de Jeanne Pilli. 4. ed. – Petrópolis, RJ : Vozes, 2017.

    Título original : The attention revolution
    Bibliografia

    3ª reimpressão, 2024.

    ISBN 978-85-326-3640-9

    1. Atenção – Aspectos religiosos – Budismo 2. Autoconhecimento 3. Budismo – Tibete 4. Meditação – Budismo 5. Mente e corpo 6. Shamatha (Budismo) I. Goleman, Daniel. II. Título.

08-00451   CDD-294-34435

Índices para catálogo sistemático:
1. Meditação : Mente focada : Budismo   294-34435

B. ALAN WALLACE

A REVOLUÇÃO DA ATENÇÃO
REVELANDO O PODER DA MENTE FOCADA

Prefácio de Daniel Goleman
Tradução de Jeanne Pilli

Petrópolis

© 2006 B. Alan Wallace
Originalmente publicado por Wisdom Publications.

Tradução realizada a partir do original em inglês intitulado
The Attention Revolution: Unlocking the power of the focused mind

Direitos de publicação em língua portuguesa – Brasil:
2008, 2017, Editora Vozes Ltda.
Rua Frei Luís, 100
25689-900 Petrópolis, RJ
www.vozes.com.br
Brasil

Todos os direitos reservados. Nenhuma parte desta obra poderá ser reproduzida ou transmitida por qualquer forma e/ou quaisquer meios (eletrônico ou mecânico, incluindo fotocópia e gravação) ou arquivada em qualquer sistema ou banco de dados sem permissão escrita da editora.

CONSELHO EDITORIAL

Diretor
Volney J. Berkenbrock

Editores
Aline dos Santos Carneiro
Edrian Josué Pasini
Marilac Loraine Oleniki
Welder Lancieri Marchini

Conselheiros
Elói Dionísio Piva
Francisco Morás
Gilberto Gonçalves Garcia
Ludovico Garmus
Teobaldo Heidemann

Secretário executivo
Leonardo A.R.T. dos Santos

PRODUÇÃO EDITORIAL

Aline L.R. de Barros
Marcelo Telles
Mirela de Oliveira
Natália França
Otaviano M. Cunha
Priscilla A. F. Alves
Rafael de Oliveira
Samuel Rezende
Vanessa Luz
Verônica M. Guedes

Editoração: Gleisse Dias dos Reis Chies
Diagramação: Sheilandre Desenv. Gráfico
Revisão gráfica: Fernando Sergio Olivetti da Rocha
Capa: Sandra Bretz
Ilustração de capa: ©brenkee | Pixabay

Para sanar alguns equívocos conceituais, esta edição contou com uma revisão completa da tradução, realizada por Jeanne Pilli, tradutora do autor em suas palestras no Brasil.

ISBN 978-85-326-3640-9 (Brasil)
ISBN 978-1-888375-68-8 (Estados Unidos)

Este livro foi composto e impresso pela Editora Vozes Ltda.

SUMÁRIO

Prefácio, 7
Preâmbulo, 11
Agradecimentos, 17
Introdução, 19

Os estágios iniciais – Prestar atenção à respiração, 31
   Estágio 1: Atenção dirigida, 33
      Interlúdio: Bondade amorosa, 45
   Estágio 2: Atenção contínua, 52
      Interlúdio: Compaixão, 64
   Estágio 3: Atenção ressurgente, 69
      Interlúdio: Alegria empática, 85
   Estágio 4: Atenção constante, 88
      Interlúdio: Equanimidade, 100

Os estágios intermediários – Estabelecendo a mente em seu estado natural, 107
   Estágio 5: Atenção disciplinada, 109
      Interlúdio: Tonglen – "Dar e receber", 130
   Estágio 6: Atenção pacificada, 133
      Interlúdio: Sonhos lúcidos – Prática diurna, 147
   Estágio 7: Atenção plenamente pacificada, 154
      Interlúdio: Sonhos lúcidos – Prática noturna, 163

Os estágios mais avançados – Iluminando a consciência, 167
   Estágio 8: Atenção unifocada, 169
      Interlúdio: Ioga dos sonhos – Prática diurna, 178

Estágio 9: Equilíbrio da atenção, 184
   Interlúdio: Ioga dos sonhos – Prática noturna, 191
Estágio 10: Shamatha, 196

Conclusão – Olhando adiante, 211
Apêndice – Sinopse dos nove estágios, 219
Referências, 223
Índice, 229

PREFÁCIO

Todas as tradições contemplativas têm seus manuais de orientação, um guia de instruções preciosas que os praticantes experientes transmitem às gerações futuras. Alan Wallace nos prestou um enorme serviço, destilando séculos de sabedoria prática sobre o caminho de shamatha em um formato acessível, pronto para ser utilizado – um manual para uma profunda jornada interna.

Alan é especialmente qualificado para essa tarefa; ele tem uma notável capacidade intelectual e contemplativa. Quando nos encontramos pela primeira vez, Alan era um monge na tradição do budismo tibetano, praticando sob a tutela pessoal do Dalai Lama. Quando nos encontramos novamente, Alan estava estudando Filosofia da Ciência e Física Quântica na Universidade Amherst. Quando estava terminando seu doutorado em Religião Comparada na Universidade de Stanford, Alan já publicava livros acadêmicos regularmente, desde investigações da metafísica das ciências até traduções de complexos textos filosóficos tibetanos.

Mas, através dessa sua peregrinação intelectual, Alan estava se preparando para aquilo que seria seu verdadeiro chamado: professor e praticante de meditação. Ao longo dos anos, ele desaparecia durante meses para praticar meditação em retiro, no sopé dos Himalaias ou nos altos de Sierra, na região semidesértica do Vale Owen, na Califórnia. No entretempo, Alan começou a compartilhar aquilo que havia praticado, conduzindo retiros e ensinando sobre a prática da meditação shamatha.

E, desde que deixou seu posto acadêmico na Universidade da Califórnia, em Santa Bárbara, para dirigir o Instituto Santa Bárbara para os Estudos da Consciência, Alan tem catalisado um programa inédito de pesquisa: ele liderará um grupo grande de meditadores em um retiro de meses, com o objetivo de refinar a atenção em níveis extraordinários. Em cooperação com neurocientistas da Universidade da Califórnia, em Davis, esses meditadores serão avaliados antes, durante e após esse treinamento intensivo, para explorar como a mente intensamente focada impacta o cérebro.

Em *A revolução da atenção*, Alan Wallace apresenta instruções sobre esses mesmos métodos. E, assim, oferece uma possível cura para a distração crônica que se tornou norma na vida moderna; um vício que divide nosso foco entre e-mail e SMS, entre a pessoa com quem estamos e a outra que está ao celular, e entre o momento presente e nosso plano para o próximo.

A proposta de Alan parece simples, mas é bastante radical: nós podemos, progressivamente, melhorar nossa capacidade de atenção reforçando essa habilidade mental da mesma maneira que fazemos com nosso tríceps. Assim como fazemos com o corpo físico, a chave está em uma prática bem-dirigida. Este livro detalha com notável clareza as especificidades de métodos que podem fortalecer a "musculatura" da atenção.

Alan tem um talento brilhante para simplificar temas complexos. Esta pequena joia em forma de livro resume todos os detalhes da meditação shamatha em um pacote prático e convidativo. Existem bibliotecas de tratados eruditos que detalham e debatem esse mesmo método e o território da mente a ele relacionado. Alan nos traz uma clareza aguda para muitos dos pontos mais refinados dessa vasta literatura – ainda que para estudantes mais interessados haja muito mais a ser explorado.

Assim como em qualquer tradição contemplativa, existe sempre um elemento oculto, porém essencial, para progredir ao longo desse caminho: um professor qualificado. Em especial nos estágios mais avançados da prática de shamatha, essas instruções tradicionalmente requerem orientações adicionais sob a forma de instruções essenciais, os detalhes e as correções cruciais sempre fornecidos oralmente, de professor para aluno, que dão vida às páginas impressas. Para aqueles que desejarem seguir o caminho examinado por Alan neste livro, tal professor será um pré-requisito.

Mesmo assim, qualquer um de nós, de acordo com Alan, pode se beneficiar com uma melhora considerável em nossa capacidade de concentração. Existe um espectro que vai desde aqueles com absoluto déficit de atenção, àqueles abençoados com um dom natural de concentração aguçada e àqueles meditadores avançados. Onde quer que nos encontremos nesse espectro, *A revolução da atenção* oferece etapas práticas para nos levar ao próximo nível e receber suas recompensas.

Daniel Goleman

PREÂMBULO

Desde o final do século XIX os psicólogos e os neurocientistas têm estudado a atenção, mas absolutamente toda essa pesquisa tem se concentrado em pessoas com atenção normal ou comprometida. Muitos estudos foram conduzidos, por exemplo, sobre os períodos de tempo que uma pessoa que monitora um radar, pilota um jato ou toca um instrumento musical é capaz de sustentar a atenção. Esses esforços forneceram poucas informações sobre a possibilidade ou não de a atenção ser treinada, tampouco indicaram se a atenção desenvolvida em uma determinada atividade poderia ser aplicada a uma outra qualquer.

Todos nós sabemos que nossa habilidade de focar a atenção depende do tempo de sono que tivemos, do estresse ao qual estamos submetidos e de outros fatores. E os benefícios da atenção focada são tão óbvios quanto os efeitos prejudiciais dos distúrbios da atenção. É, portanto, notável a ausência de embasamento científico sobre a cura definitiva dos distúrbios de atenção ou sobre o desenvolvimento dela. Muitos cientistas assumem simplesmente que a mente humana é inerentemente instável e que pouco pode ser feito para mudar esse cenário. O argumento central deste livro é o de que não só podemos melhorar a estabilidade da nossa atenção, como também podemos fazê-lo de forma notável.

Enquanto os cientistas tentam entender a mente por meio de investigações objetivas em "terceira pessoa", os contemplativos já vêm explorando a mente há milênios, por meio de investigação subjetiva em primeira pessoa. Essa investigação sobre a natureza da mente é a meditação, e para que uma meditação seja verdadeiramente eficiente, a habilidade de focar a atenção é imprescindível. A mente destreinada oscila entre a agitação e o embotamento, entre a inquietação e o tédio. Portanto, o cultivo da estabilidade da atenção tem sido um elemento essencial das tradições meditativas ao longo dos séculos, produzindo uma rica coleção de técnicas e práticas. Esse rico tesouro de métodos tradicionais é uma excelente fonte para começarmos a buscar meios eficientes para melhorar a atenção.

Na tradição budista, essa disciplina é conhecida como shamatha (pronunciado "chá-ma-ta"). Shamatha é um caminho para o desenvolvimento atencional que culmina em uma atenção que pode ser sustentada, sem esforço, durante muitas horas. A explosão de ensinamentos e de mestres budistas ocorrida no Ocidente tem trazido consigo uma enorme quantidade de benefícios para as pessoas que sofrem os efeitos nocivos da vida moderna – ansiedade, consumismo e ritmo alucinante –, além dos inúmeros problemas de envelhecimento, doenças e morte. Uma gama de técnicas budistas, ou influenciadas pelo budismo, foi amplamente adotada em culturas que não são consideradas historicamente budistas – práticas de atenção plena ou o "sentar" do Zen, abordagens cognitivas como o treinamento da mente e estudos dos *koans* ou recitações e práticas de devoção. No entanto, espantosamente, muitas tradições contemplativas, hoje em dia, colocam pouca ênfase no desenvolvimento da atenção sustentada. Alguns professores modernos do budismo Theravada alegam que apenas "shamatha momentânea" é suficiente para a meditação do *insight*, sugerindo que a atenção focada e sustentada é desnecessária. O valor de shamatha foi reconhecido no antigo budismo chinês, porém o Zen moderno não ensina métodos especificamente concebidos para desenvolver o equilíbrio da atenção de maneira rigorosa e sustentada, distinta de suas demais práticas.

O budismo tibetano, por outro lado, fornece instruções detalhadas para desenvolver a atenção focada. Portanto, é ainda mais desconcertante que dentre os meditadores do budismo tibetano, hoje em dia, dentro e fora do Tibete, somente alguns poucos se dediquem à prática de shamatha sustentada. Apenas alguns poucos prestam atenção aos conselhos dos grandes meditadores tibetanos do passado, que afirmam que o atingimento de shamatha é necessário para que todas as formas avançadas de meditação sejam eficazes. Uma mente que se distrai facilmente ou que é propensa ao embotamento é simplesmente inadequada para qualquer tipo de meditação.

Acho espantoso que o treinamento da atenção tenha sido tão marginalizado na ciência moderna e em muitas tradições contemplativas. Escrevi este livro, em parte, para ajudar a remediar essa negligência nas comunidades científicas e budistas. Entretanto, meu maior desejo é fornecer ferramentas para qualquer um que esteja interessado em treinar sua plena capacidade de atenção. Quando a atenção está comprometida ela prejudica tudo que fazemos, e quando é bem-focada ela melhora tudo que fazemos. A prática de shamatha não requer nenhuma filiação a qualquer crença religiosa ou ideologia. Ela é uma chave para o equilíbrio mental, cujos benefícios podem ser acessados por qualquer pessoa que persevere em sua prática.

Minha própria história

Tenho sido fortemente atraído pela prática de shamatha, desde que a aprendi pela primeira vez em 1972. Meu entusiasmo por essa prática nunca diminuiu, e minha apreciação de sua importância só tem aumentado ao longo dos anos.

Fiquei fascinado pela ideia de treinar minha atenção, desde a primeira vez que ouvi falar sobre isso, quando ainda estudava o budismo tibetano, na primavera de 1972. À época, eu morava em Dharamsala, na Índia, e recebia instruções sobre a tradição tibetana do desenvolvimento mental de um lama chamado Geshe Ngawang Dhargyey. Nos meses e anos que se seguiram,

Geshe Ngawang Dhargyey me deu ensinamentos detalhados sobre várias técnicas para o treinamento da mente. Mas eu estava especialmente interessado em suas instruções sobre o desenvolvimento da atenção focada, pois podia ver sua enorme relevância para todos os tipos de atividades humanas, tanto mundanas como espirituais.

A descrição do lama sobre o treinamento shamatha parecia plausível, e seus supostos resultados, extraordinários. Próximo ao fim de suas instruções sobre shamatha, Geshe Ngawang Dhargyey sugeriu à nossa classe de doze alunos que meditássemos juntos. Nós todos nos sentamos eretos em nossas almofadas, focando atentamente o objeto de meditação. Pensávamos que seria uma breve sessão, talvez de meia hora. Mas o lama continuou sentado, imóvel como uma rocha, enquanto seus alunos começavam a se contorcer, nossas mentes divagando e as dores nos nossos joelhos e costas aumentando. Finalmente, depois de três horas, ele emergiu da meditação, com um sorriso de contentamento no rosto e gentilmente comentou que aquela prática exigia perseverança.

Ao longo da década de 1970, continuei meus estudos e práticas do budismo tibetano na Índia, e mais tarde na Suíça, estudando com muitos mestres, incluindo Sua Santidade o Dalai Lama, para quem comecei a servir como intérprete em 1979. Depois de dez anos, não queria nada mais além de dedicar-me à meditação e tinha meu coração voltado para a prática de shamatha. Fiquei absolutamente radiante quando o Dalai Lama, sabendo do meu desejo de meditar, encorajou-me a retornar à Índia e praticar sob sua orientação pessoal! Em razão de restrições de visto, não pude permanecer na Índia por mais de seis meses, mas fiquei durante quase todo o tempo em retiro solitário nas montanhas, acima de Dharamsala. Meditando das quatro horas da manhã às nove da noite, dedicava-me a dez sessões de prática a cada dia. Uma vez por semana, um amigo enviava suprimentos de um vilarejo próximo e, de tempos em tempos, eu descia a montanha para me consultar com Sua Santidade. Durante esse retiro, também procurei os conselhos de um experiente recluso chamado Gen Lamrimpa, que já havia passado cerca de vinte anos em meditação solitária.

Continuei a fazer retiros solitários de meditação na Índia, Sri Lanka e nos Estados Unidos até o final de 1983, quando senti que estava na hora de reengajar à minha civilização nativa. Intrigado pela relação entre o budismo e a ciência moderna, estudei Física, Filosofia da Ciência e Sânscrito na Universidade Amherst. Após graduar-me em 1987, retornei à prática de shamatha, dessa vez nos altos do deserto do leste da Califórnia. Depois de muitos meses em retiro, fui assistente de Gen Lamrimpa na condução de um retiro de um ano de shamatha para um grupo de praticantes, na área rural do Estado de Washington.

Após esse retiro, passei seis anos estudando para obter um doutorado em estudos religiosos na Universidade Stanford, onde escrevi minha dissertação sobre shamatha. Durante o mesmo período, recebi instruções extensas sobre os ensinamentos Dzogchen (A Grande Perfeição) e Mahamudra (O Grande Selo) nas tradições do budismo tibetano, que fornecem teorias e práticas para explorar a natureza da consciência. Depois dos exames finais, decidi me ausentar dos estudos acadêmicos para praticar shamatha por cinco meses nos altos do deserto, dessa vez empregando uma abordagem Dzogchen. Considerei esse o meu "trabalho em laboratório" para complementar minhas investigações acadêmicas. Depois de me graduar pela Universidade de Stanford, ministrei aulas por quatro anos no Departamento de Estudos Religiosos na Universidade da Califórnia, em Santa Bárbara, e no início do outono de 2001 devotei mais seis meses à prática de shamatha na mesma região nos altos do deserto.

Desde 1992 tenho trabalhado com várias equipes de cientistas cognitivos, estudando os efeitos psicofisiológicos do treinamento da atenção e de outras formas de meditação. No outono de 2003 criei o Instituto Santa Bárbara para os Estudos da Consciência, com o objetivo de integrar métodos científicos e contemplativos para a exploração da consciência. Um dos projetos do Instituto é o Projeto Shamatha, um retiro residencial de um ano, para trinta pessoas, envolvendo uma avaliação científica antes, durante e após o retiro.

Agradecimentos

Este livro começou a se tornar uma realidade quando minha velha amiga Lynn Quirolo transcreveu, incansavelmente, várias palestras sobre shamatha que eu havia oferecido em diversos retiros de meditação. Ela, então, editou essas transcrições em formato de livro e, em seguida, eu as reeditei. Nesse ponto, um outro amigo e colega, Brian Hodel, ergueu o braço e ofereceu voluntariamente seu tempo como jornalista profissional para reescrever e ajustar muitas seções do texto. O trabalho foi então submetido à Wisdom Publications, ocasião em que David Kittelstrom me aconselhou a alterar radicalmente todo o manuscrito, o que fiz, com grandes melhorias. David e outra editora que trabalhava para a Wisdom, Susan Bridle, fizeram muitas sugestões excelentes para melhorar este trabalho, e James Elliot ofereceu a sua inestimável assistência na preparação para a publicação. Assim, este livro passou por muitas interações e, cada uma delas, eu creio, representou uma melhora significativa em relação à anterior, e sou profundamente grato a todos que contribuíram. É meu desejo sincero que ele seja de muito proveito para aqueles que desejam equilibrar suas mentes por meio do cultivo de shamatha, e que contribua também para o entendimento científico da atenção e de seu potencial. Quero expressar meus agradecimentos à minha esposa e à minha família pelo apoio e amor constantes, que estimo mais do que palavras possam expressar. Finalmente, minha mais profunda gratidão a todos os meus mestres budistas que me ensinaram a teoria de shamatha e orientaram minha prática. A eles sou grato para sempre, com a mais profunda reverência.

B. Alan Wallace

*

Agradecimento do editor

O editor expressa sua profunda gratidão ao generoso apoio da Fundação da Família Hershey pelo patrocínio à publicação deste livro.

Introdução

Poucas coisas afetam nossas vidas mais do que a capacidade de atenção. Se não pudermos focar a atenção – seja devido à agitação ou ao embotamento –, não conseguiremos fazer nada bem-feito. Não conseguimos estudar, ouvir, conversar com outras pessoas, trabalhar, nos divertir, e nem mesmo dormir bem quando nossa atenção está comprometida. E, para muitos de nós, nossa atenção está comprometida na maior parte do tempo.

As pessoas cuja atenção está abaixo do normal podem receber um diagnóstico de Transtorno do Déficit de Atenção com Hiperatividade (TDAH), e o tratamento mais comum para esse tipo de problema é o uso de medicação. A popularidade da Ritalina e de drogas semelhantes tem aumentado notavelmente nos últimos anos, e os Estados Unidos fabricam e consomem cinco vezes mais esses medicamentos do que todo o resto do mundo em conjunto. Os muitos efeitos colaterais prejudiciais dos medicamentos para TDAH são considerados um preço baixo a ser pago para suprimir os sintomas dos distúrbios da atenção. Essa abordagem materialista para o tratamento do TDAH é imensamente lucrativa para os fabricantes das drogas, mas é profundamente debilitante para os indivíduos que se tornam dependentes delas. Enquanto nossa cultura proclama "Diga não às drogas", no que diz respeito ao tratamento de distúrbios de atenção, a mensagem é clara: "Resolva rápido".

Isso não quer dizer que os medicamentos não possam ser úteis no tratamento do TDAH. Eles certamente podem ajudar, segundo a própria experiência de milhões de pessoas. Algumas vezes eles podem ser essenciais, especialmente para combater os sintomas mais graves. Mas eles não *curam* coisa alguma. Eles apenas suprimem os sintomas ao mesmo tempo em que geram efeitos colaterais prejudiciais; ainda que não fique viciado, o usuário poderá desenvolver uma dependência psíquica – talvez para o resto de sua vida. Portanto, em casos clínicos, as drogas podem desempenhar um papel importante em um contexto mais amplo de intervenções. Mas quanto mais cedo conseguirmos retirar as crianças, os adolescentes e os adultos dessa dependência das drogas, oferecendo a eles métodos para manter o equilíbrio da atenção por si próprios, melhor.

A capacidade de atenção nos afeta de incontáveis maneiras. A própria percepção que temos da realidade está fortemente relacionada às coisas em que focamos nossa atenção. Somente aquilo a que prestamos atenção nos parece real, enquanto aquilo que ignoramos parece desvanecer na insignificância, independente da importância que possa ter. O filósofo americano e pioneiro da psicologia moderna, William James, resumiu esse ponto há mais de um século: "A cada momento, aquilo em que prestamos atenção é a realidade"[1]. Obviamente, ele não estava sugerindo que as coisas deixam de existir quando as ignoramos; muitas coisas das quais não temos consciência exercem influência poderosa em nossas vidas e no mundo como um todo. Mas, ignorando-as, nós as excluímos da *nossa* realidade. Nós não as registramos de fato como existentes.

Cada um de nós escolhe, pela nossa maneira de prestar atenção às coisas, o universo que habita e as pessoas que encontra. Mas, para a maioria de nós, essa "escolha" é inconsciente e, portanto, não é de fato uma escolha. Quando pensamos acerca de quem somos, possivelmente não conseguimos recordar de todas as coisas que já experienciamos, de todos os comportamentos

---

1. JAMES, W. *The Principles of Psychology*. Vol. II. Nova York: Dover, 1890/1958), p. 322.

e qualidades que já demonstramos. O que nos vem à mente quando perguntamos "Quem sou eu?" consiste das coisas em que prestamos atenção no decorrer dos anos. O mesmo acontece com nossas impressões acerca de outras pessoas. A realidade que se nos apresenta não é tanto aquilo que está lá fora, mas sim aqueles aspectos do mundo nos quais focamos nossa atenção.

A atenção é sempre altamente seletiva. Se você se considera um materialista, é possível que esteja prestando atenção principalmente nos objetos e nos eventos físicos. Qualquer coisa não física parece "imaterial" para você, no sentido de que não existe de fato, exceto talvez apenas como um subproduto de matéria e energia. Mas, se você se vê como uma pessoa espiritual ou religiosa, é muito provável que preste mais atenção às coisas menos tangíveis. Deus, alma, salvação, consciência, amor, livre-arbítrio e causalidades puramente espirituais podem parecer bem mais reais para você do que as partículas elementares e os campos de energia. Na minha opinião, se você fosse capaz de focar sua atenção de acordo com sua vontade, poderia de fato escolher o universo que parece habitar.

A atenção também tem um impacto profundo no caráter e no comportamento ético. James acreditava que a capacidade de trazer sua atenção distraída de volta, constante e voluntariamente, é a própria raiz do julgamento, do caráter e da vontade. Os cristãos contemplativos sabem há séculos que uma mente divagante pode facilmente cair em tentação, levando ao pecado. E os budistas reconheceram que uma mente propensa à distração sucumbe facilmente a uma miríade de aflições mentais, levando a todos os tipos de comportamentos prejudiciais. Se pudermos dirigir nossa atenção para longe das tentações negativas, teremos uma boa chance de superá-las.

James afirmou também que os gênios de todos os tipos distinguem-se por suas capacidades de sustentar voluntariamente a atenção. Pense nos grandes músicos, matemáticos, cientistas e filósofos de toda a história – todos eles parecem ter demonstrado uma extraordinária capacidade de focar a atenção com um alto grau de clareza, por longos períodos de tempo. Uma mente estabelecida nesse estado de equilíbrio vívido é um solo fértil para o surgimento de todos os tipos de associações originais e *insights*. Seria então a "genialidade" um potencial do qual todos nós compartilhamos – cada um de nós com sua capacidade única para a criatividade –, necessitando somente do poder da atenção sustentada para liberá-lo? Uma mente focada pode ajudar a trazer a fagulha da criatividade para a superfície da consciência. Uma mente que divaga constantemente, de uma distração a outra, por outro lado, pode ser afastada para sempre do seu potencial criativo. Claramente, se formos capazes de intensificar nossa faculdade da atenção, nossas vidas melhorarão radicalmente.

A plasticidade da atenção

Apesar de, no século passado, muitos estudos sobre os vários aspectos da atenção terem sido realizados, sabe-se ainda muito pouco sobre a plasticidade da atenção, isto é, sobre o quanto ela pode ser melhorada com treinamento. Considerando a enorme importância da atenção em todos os aspectos da vida, essa omissão soa estranha.

Uma das razões para a falta de pesquisa nesse campo pode ser a premissa comumente aceita de que nosso nível de atenção é inflexível. William James escreveu:

> A posse de tal faculdade estável de atenção é incontestavelmente um grande benefício. Aqueles que a possuem podem trabalhar mais rapidamente e com menor desgaste nervoso. Estou inclinado a pensar que alguém que não possua essa faculdade naturalmente jamais será capaz de obtê-la em níveis satisfatórios, independentemente do esforço ou da disciplina. Sua

quantidade é provavelmente uma característica fixa do indivíduo[2].

James reconheceu a enorme importância da habilidade de sustentar voluntariamente a atenção sobre um determinado tópico, declarando que uma educação que pudesse efetivamente melhorar essa faculdade seria a educação *par excellence*[3]. Porém, não sabia como oferecer orientações práticas para alcançar esse objetivo.

Enquanto nossas mentes oscilarem compulsivamente entre a agitação e o embotamento, entre um desequilíbrio de atenção e outro, não poderemos jamais descobrir as profundezas da consciência humana. A mente poderia ser libertada irreversivelmente de suas aflições emocionais, tais como desejo, hostilidade, depressão, inveja e orgulho? Existe algum limite para o amor e a compaixão? A consciência é finita e imutável? Sabemos que a mente tem poderes de cura, que às vezes são atribuídos ao "efeito placebo", e que ela também tem a capacidade de nos fazer adoecer. Que outros poderes permanecem adormecidos nos domínios da consciência humana, e como podem ser acessados? Essas questões têm sido colocadas por contemplativos ao longo de toda a história, e a atenção focada tem sido uma ferramenta crucial para explorá-las.

No mundo moderno desfrutamos de um acesso sem precedentes a uma grande quantidade de ricas tradições de investigação meditativa. As tradições hindu e budista, surgidas da Índia clássica, fizeram avanços singularmente refinados no campo do desenvolvimento da atenção. Os métodos de treinamento da atenção descritos neste livro foram extraídos dessa herança contemplativa e incluem vários tipos de prática meditativa. E embora as técnicas explicadas aqui sejam provenientes das tradições budistas da Índia e do Tibete, elas serão acessíveis e benéficas a todos aqueles

---

2. JAMES, W. *Talks to Teachers*: On Psychology; and to Students on Some of Life's Ideals. Nova York: W.W. Norton, 1899/1958, p. 84.
3. JAMES, W. *The Principles of Psychology*. Op. cit. Vol. I, p. 424.

que se dedicarem a elas, independentemente das orientações religiosas ou ideológicas. Como em qualquer outra habilidade, tais como tocar piano ou praticar algum esporte, nós podemos, por meio de treinamento, repetição e hábito, desenvolver capacidades que estão, neste momento, além do nosso alcance.

Você poderá se beneficiar do treinamento da atenção, de qualquer ponto de onde estiver partindo. Meu objetivo neste livro é oferecer às pessoas as ferramentas para melhorar a atenção, independentemente de onde se encontram no espectro do desenvolvimento da atenção. No nível básico, esses métodos podem ser úteis para prevenir e tratar o TDAH, que faz com que até as tarefas comuns se tornem grandes dificuldades. Para aqueles com uma capacidade inicial mais elevada, os métodos aqui descritos podem ser usados para manter uma atenção melhor nas atividades da vida diária, e melhorar a *performance* profissional, a saúde física e o bem-estar emocional. Por fim, este livro contém métodos para refinar rigorosamente a faculdade da atenção em níveis nunca imaginados e inexplorados no mundo moderno, e será de especial valor para os contemplativos que buscam desvendar os mistérios da mente.

Especialmente nos estágios avançados, este livro investiga, algumas vezes, assuntos que pressupõem um conhecimento prévio ou uma inclinação à análise de questões doutrinárias que sustentam o treinamento da atenção dentro de um contexto budista. Embora eu tenha escrito este livro, em parte para abordar a confusão que há entre os budistas contemporâneos a respeito da maneira como o Buda e os comentaristas posteriores ensinaram shamatha e as implicações práticas dessa confusão, essas discussões poderão ser tangenciais às preocupações dos leitores não budistas. Não é preciso ser budista para praticar shamatha; portanto, sinta-se livre para pular tais discussões. Entretanto, você poderá tirar proveito dessa análise sobre as divergências que surgiram ao longo dos 2.500 anos de história dessa disciplina.

Os dez estágios do desenvolvimento da atenção

Para servir como modelo ao desenvolvimento gradual da atenção, escolhi a descrição mais completa e detalhada que encontrei em toda a literatura contemplativa – os dez estágios descritos pelo contemplativo budista indiano do século VIII, Kamalashila, em sua obra clássica *Stages of Meditation* (Estágios da meditação).

Em um debate histórico no Tibete, Kamalashila argumentou que a purificação completa da mente requer três tipos de treinamento: ético, da atenção e do *insight* contemplativo. Os lampejos de *insight* são valiosos, mas após o êxtase fugaz dessas experiências meditativas, a "roupa suja" da mente ainda continua esperando para ser lavada. Para isso, o *insight* contemplativo precisa ser apoiado por um alto grau de equilíbrio da atenção, e isso requer um treinamento sistemático.

Esse caminho é detalhado com pontos de referência. Usando o esquema de Kamashila podemos saber onde estamos, o que deveríamos fazer e o que buscar. Os dez estágios do desenvolvimento da atenção são:

1) Atenção dirigida
2) Atenção contínua
3) Atenção ressurgente
4) Atenção constante
5) Atenção disciplinada
6) Atenção pacificada
7) Atenção plenamente pacificada
8) Atenção unifocada
9) Equilíbrio da atenção
10) Shamatha

Esses dez estágios são sequenciais – começam com uma mente que não é capaz de sustentar o foco por mais de alguns segundos e culminam em um estado extraordinário de estabilidade e vivacidade que pode ser sustentado durante horas. O praticante progride através de cada estágio desenraizando formas cada vez mais sutis de dois tipos de obstáculos: agitação mental e embotamento. O sucesso na realização de cada estágio é determinado por critérios específicos e é acompanhado por um sinal claro.

Três técnicas

Para orientar os meditadores ao longo desses dez estágios escolhi três técnicas apresentadas nos ensinamentos budistas, que considero eficientes para as pessoas no mundo moderno. Essas três técnicas são a base para as três divisões deste livro. Para os primeiros quatro estágios, você deve praticar o método que achar mais fácil. A partir do quinto estágio, a mente estará relativamente estável e você poderá utilizar técnicas mais sutis.

Para atingir os primeiros quatro estágios recomendo a prática da *atenção plena à respiração*, cujas variações podem ser encontradas no Zen, no Vipassana e no budismo tibetano. Atenção plena à respiração significa estabelecer sua atenção nas sensações relacionadas à respiração, trazendo sua atenção de volta continuamente sempre que a mente divagar.

A partir do quinto estágio recomendo um método chamado *estabelecer a mente em seu estado natural*. Nessa técnica, a atenção deve ser direcionada às experiências mentais, todos os eventos – pensamentos, imagens mentais e emoções – que surgirem no domínio da mente. Esse método é extraído do Dzogchen, ou linhagem da "Grande Perfeição", mas também pode ser encontrado em outras tradições budistas.

Com as instruções sugeridas, a partir do oitavo estágio, passamos à prática mais sutil de sustentar a consciência da própria consciência. Essa técnica é chamada de *shamatha sem objeto*. Aqui a prática não é propriamente *desenvolver* a estabilidade e a vivacidade da atenção, mas sim *descobrir* a quietude e a luminosidade inerentes à própria consciência.

O treinamento da atenção plena à respiração pode ser útil a qualquer pessoa, incluindo aquelas que buscam prevenir ou tratar transtornos de déficit de atenção com ou sem hiperatividade. Muitas pessoas consideram a segunda prática, a de estabelecer a mente em seu estado natural, a mais desafiadora; já alguns meditadores fazem essa prática com naturalidade. Da mesma forma, a prática da consciência da consciência é ainda mais sutil, podendo, no entanto, ser a ideal desde o início para aqueles que se sentem fortemente atraídos por ela.

Você pode usar qualquer um dos três métodos para avançar ao longo dos dez estágios do desenvolvimento da atenção, ou pode seguir a sequência descrita neste livro. A velocidade do seu progresso dependerá do seu grau de comprometimento e de quanto seu estilo de vida e seu ambiente favorecerem a prática.

Interlúdios

Entremeando as explicações dos dez estágios estão os "interlúdios" – práticas auxiliares que complementam o treinamento da atenção. Depois da explicação de cada um dos quatro primeiros estágios, inseri um interlúdio sobre o cultivo de uma das quatro qualidades do coração: *bondade amorosa, compaixão, alegria empática e equanimidade*. Essas práticas são especialmente úteis para equilibrar nossas emoções e para abrir nossos corações. Se soubermos lidar com as emoções como inteligência, poderemos evitar muitos obstáculos que, de outra maneira, dificultariam o cultivo da atenção focada.

Intercalados com as explicações do quinto ao nono estágios estão os interlúdios sobre as práticas diurnas e noturnas do sonho lúcido (extraídas de pesquisas científicas modernas) e da ioga dos sonhos (oriundas do budismo tibetano). Essas práticas têm por objetivo intensificar a atenção plena durante o dia e durante a noite, pois se a sustentação do foco da atenção se limitar apenas ao tempo em que permanecermos em meditação formal, os benefícios serão mínimos.

Um dos maiores benefícios de uma capacidade atencional potente é a habilidade de cultivar outras qualidades positivas com êxito. Com a poderosa ferramenta da atenção focada, podemos extirpar maus hábitos antes intratáveis, tais como comportamentos de dependência, emoções ou pensamentos nocivos. Podemos usá-la para desenvolver uma atitude de abertura em relação aos outros e, sobre essa base, experienciar *insights* profundos sobre a natureza da mente e da realidade, alterando radicalmente nossa relação com o mundo.

Metas e expectativas

A maioria das pessoas sentirá grande melhora em suas vidas atingindo apenas o segundo dos dez estágios. Esse nível de desenvolvimento demanda algum esforço, mas pode ser alcançado por pessoas que têm uma vida atarefada, com muitos compromissos profissionais e familiares, desde que estejam dispostas a dedicar algum tempo para meditar. Poderão sentir uma melhora substancial na qualidade de tudo o que fazem, tornando-as mais resilientes diante do estresse físico e emocional. Se essa for a sua meta, não há problema algum em utilizar as técnicas apresentadas neste livro para essa finalidade.

Entretanto, como citado acima, este livro é também um guia para as pessoas que desejam ir além daquilo que é considerado um nível normal de atenção. Para a maioria das pessoas, alcançar o estágio três exigirá um compromisso maior do que uma ou duas horas diárias de meditação em meio a uma vida ativa. Os estágios mais avançados do desenvolvimento da atenção podem ser acessados por pessoas que se dedicam à prática rigorosa em um ambiente apropriado durante semanas ou meses. Progredir para além do quarto estágio requer um compromisso vocacional com o treinamento, que pode envolver prática em tempo integral, durante meses ou anos a fio.

Se você avançar ao longo dos dez estágios do desenvolvimento da atenção discutidos neste livro, os benefícios serão verdadeiramente imensos. Ao atingir o nono estágio, sua mente já estará precisamente ajustada, livre até mesmo dos desequilíbrios mais sutis. Nesse estágio, diz-se que é possível focar o objeto de escolha, com estabilidade e sem esforço algum, por pelo menos quatro horas. No início desse treinamento, os meditadores são tradicionalmente encorajados a praticar em sessões de vinte e quatro minutos, equivalente a um sessenta avos de um dia completo. No ápice desse treinamento você será capaz de sustentar a atenção com vivacidade sem precedentes, por um tempo dez vezes maior.

De acordo com a tradição oral tibetana, entre os meditadores qualificados para empreender essa disciplina, aqueles com faculdades mais aguçadas podem ser capazes de realizar todos os dez estágios em três meses; aqueles com faculdades "medianas" podem levar até seis meses; e aqueles com faculdades "embotadas" podem precisar de nove meses. Tais estimativas pressupõem que os meditadores estejam vivendo em um ambiente contemplativo e se dedicando dia e noite a essa disciplina. As referências de faculdades aguçadas, medianas e embotadas estão relacionadas ao grau de talento e de equilíbrio atencional que os indivíduos trazem para esse treinamento. Assim como existem algumas pessoas naturalmente dotadas para a música, para o esporte e para a matemática, também existem aquelas dotadas de graus excepcionais de estabilidade e vivacidade da atenção, o que representa uma vantagem nessa prática. Outras pessoas podem ter um nível extraordinário de entusiasmo e dedicação a esse treinamento, e isso será muito útil durante os longos meses de trabalho duro que enfrentarão.

Esse nível de treinamento profissional pode parecer assustador e impraticável para a maioria dos leitores deste livro, mas compare-o ao treinamento de um atleta olímpico. Apenas um pequeno número de indivíduos dispõe de tempo, habilidade e inclinação para se dedicar a tal treinamento, que pode parecer, à primeira vista, ter pouca relevância frente aos diversos problemas práticos que a humanidade enfrenta nos dias de hoje. Porém, pesquisas realizadas com atletas dedicados têm gerado *insights* valiosos com relação à dieta, exercícios e motivação humana, que são relevantes ao público de maneira geral. Enquanto o treinamento dos atletas olímpicos está centrado principalmente em atingir a excelência do ponto de vista físico, o treinamento da atenção diz respeito a alcançar níveis elevados de desempenho atencional.

Quando o nono estágio é alcançado, o meditador está pronto para uma revolução extraordinária, que provoca uma mudança radical em seu sistema nervoso e uma mudança fundamental de consciência. Nesse estágio, ele está prestes a atingir shamatha: a mente será então maravilhosamente funcional e poderá ser utilizada de várias formas; o corpo estará também dotado de um grau de flexibilidade e leveza sem precedentes. É uma realização extraordinária, diferente de tudo que já tenha sido experienciado.

Desde os tempos do Buda, quando as pessoas perguntavam aos praticantes budistas sobre a natureza de suas práticas, eles habitualmente respondiam: "Venham e vejam!" Em 1992, alguns neurocientistas que estudavam os efeitos da prática da meditação avançada entre tibetanos que participavam de um retiro, explicaram como desejavam examinar os efeitos neurais e comportamentais da meditação. Um dos monges respondeu: "Se você realmente quiser entender os efeitos da meditação, ficarei feliz em ensinar. Mas somente através da sua própria experiência é que você será capaz de entender verdadeiramente os efeitos dessa prática".

Vamos, então, começar a trabalhar no primeiro estágio, usando a técnica da atenção plena à respiração.

OS ESTÁGIOS INICIAIS
PRESTAR ATENÇÃO À RESPIRAÇÃO

ESTÁGIO 1
ATENÇÃO DIRIGIDA

O primeiro dos nove estágios que nos leva à realização de shamatha é chamado *atenção dirigida*. O sinal que indica que alcançamos esse estágio é simplesmente o fato de sermos capazes de centrar nossa mente no objeto de meditação escolhido por um ou dois segundos. Se estiver tentando dirigir sua atenção a um objeto complexo, como uma visualização elaborada, poderá levar dias e até mesmo semanas para obter resultado. Mas, se o objeto escolhido for sua respiração, esse estágio pode ser atingido na primeira tentativa.

A faculdade da *atenção plena*[4] é importante na prática de shamatha. Atenção plena, nesse contexto, difere um pouco da maneira como alguns professores contemporâneos de meditação a apresentam. Os professores de Vipassana, por exemplo, frequentemente explicam a atenção plena como a consciência sem julgamentos do que quer que surja, momento a momento. No contexto de shamatha, entretanto, a atenção plena refere-se a prestar atenção continuamente a um objeto conhecido, sem esquecimento ou distração.

O primeiro estágio da atenção dirigida é obtido por meio do poder do ouvir. De acordo com a tradição budista, a maneira mais eficiente de adquirir um novo aprendizado é diretamente de um professor experiente e com grande conhecimento. Primeiro ouvimos os ensinamentos, depois reforçamos com leitura, estu-

---

4. *Mindfulness* em inglês [N.T.].

dos e prática. O *poder do ouvir* refere-se a ouvir e também a ler as instruções, caso nenhum professor qualificado esteja disponível.

Um dos primeiros sinais de progresso na prática de shamatha é simplesmente notar o quanto nossas mentes são caóticas. Tentamos permanecer atentos, mas rapidamente perdemos a concentração e nossas mentes se distraem. As pessoas que nunca se sentaram silenciosamente e tentaram focar suas mentes podem ainda ter a ilusão de que suas mentes são calmas e serenas. Somente quando tentamos manter a atenção em um único objeto por alguns minutos é que fica realmente aparente o quanto nossa atenção é turbulenta e fragmentada. Na perspectiva budista, a mente não treinada é afligida por déficits de atenção e hiperatividade; ela é disfuncional.

Assim como um elefante selvagem, a mente indomada pode infligir enormes danos a nós mesmos e àqueles ao nosso redor. Além de oscilar entre déficit de atenção (quando estamos passivos) e hiperatividade (quando estamos ativos), a mente normal, não treinada, expele compulsivamente um fluxo tóxico de pensamentos erráticos, agarra-se a eles obsessivamente e é arrastada por uma história após a outra. Os transtornos de déficit de atenção e hiperatividade e os transtornos obsessivo-compulsivos não se restringem às pessoas diagnosticadas como mentalmente doentes; a mente normal é propensa a esses desequilíbrios, e é por isso que pessoas normais experienciam tantos desconfortos mentais! Tais distúrbios são sintomas de uma mente desequilibrada.

Essas duas tendências disfuncionais parecem ser intrínsecas à mente. A hiperatividade é caracterizada pela excitação, agitação e distração, enquanto o déficit de atenção é caracterizado por lassidão, embotamento e letargia. Quando estamos sujeitos a esses dois desequilíbrios, temos pouco controle sobre o que acontece em nossas mentes. Pode ser que acreditemos em livre-arbítrio, mas não podemos dizer que somos de fato "livres", uma vez que não somos capazes de direcionar nossa atenção. Não precisamos que nenhum filósofo ou cientista cognitivo nos informe que nosso comportamento não é sempre orientado por livre-arbítrio – isso fica óbvio quando tentamos sustentar nossa atenção em um determinado objeto.

Portanto, a prática da atenção plena à respiração consiste em manter a atenção na respiração. Embora isso requeira uma mente alerta, a concentração não deve ser tensa, mas, sim, equilibrada. Quando percebemos que nos distraímos do objeto de meditação, pode parecer natural fazer mais esforço, tentando concentrar a mente com mais firmeza. Podemos ver isso nas expressões faciais das pessoas que tentam se concentrar dessa forma: seus lábios ficam mais contraídos, sobrancelhas mais cerradas e testas enrugadas. Elas estão ficando mais concentradas, mas como uma laranja sendo espremida – a fluidez está sendo drenada de suas mentes! Se você quiser se concentrar por pouco tempo e sem se importar com os efeitos colaterais da tensão e da fadiga, poderá seguir a estratégia acima. Mas, se quiser seguir o caminho de shamatha, precisará de uma alternativa.

Tive que descobrir esse fato por experiência própria. Durante meu primeiro retiro longo de shamatha, eu estava cheio de entusiasmo. Queria tirar a maior vantagem possível da rara oportunidade que estava diante de mim, pois estava meditando na Índia, sob orientação de Sua Santidade o Dalai Lama! Eu não tinha nenhuma preocupação financeira e minhas necessidades materiais eram facilmente satisfeitas. Tudo o que tinha a fazer era colocar as instruções em prática. Atirei-me de corpo e alma nesse treinamento.

Todas as manhãs levantava-me às 3:30h, exceto quando dormia até 3:45h, e ficava aborrecido comigo mesmo pelo relaxo. Estava entusiasmado, mas também estava tenso! Os manuais tibetanos sobre a meditação shamatha, que eu havia estudado durante todos aqueles anos, diziam que o tipo de atenção necessária quando começamos tal prática devia ser "altamente focada";

portanto, eu tentava a todo custo evitar que minha mente se distraísse. Num período de poucas semanas, dedicando-me muitas horas por dia à meditação, eu era capaz de sustentar minha atenção em um objeto escolhido por até meia hora. Eu estava radiante com o rápido progresso que fazia.

À medida que as semanas passavam, entretanto, sentia-me mais e mais cansado. Estava me esgotando física e mentalmente, minha alegria na prática estava diminuindo e sentia que minha atenção não se desenvolvia além de um determinado ponto. O que estava errado? Resposta: Estava me esforçando demais! O cultivo de shamatha implica equilibrar a mente, e isso inclui equilibrar o esforço dispendido na prática com relaxamento.

Isso indica uma diferença cultural entre os tibetanos tradicionais que moram nas montanhas do Tibete e as pessoas modernas que levam vidas agitadas, sempre bombardeadas por telefonemas, e-mails, pela mídia e por ruídos. Viver assim por anos e anos condiciona o sistema nervoso e a mente de uma maneira que poderia ser considerada tortura no Tibete. Conheci um médico tibetano que fez o seguinte comentário sobre as pessoas que vivem no Ocidente: "Na perspectiva da medicina tibetana, todos vocês estão sofrendo de distúrbios nervosos. E, apesar disso, devo dizer que estão se saindo extraordinariamente bem!" Quer estejamos vivendo em Boston, Buenos Aires, Rio de Janeiro ou Pequim, nossas mentes são condicionadas a ser mais tensas e engajadas em pensamentos compulsivos do que as mentes dos camponeses e nômades que viviam no Tibete há um século. Portanto, nos manuais de meditação tibetana que aconselhavam os iniciantes a focarem sua atenção firmemente, as instruções se dirigiam a um leitor muito diferente daquele que vive nas grandes cidades do século XXI. Antes de desenvolvermos a estabilidade da atenção, precisamos aprender a relaxar.

As instruções a seguir incorporam a prática do relaxamento às instruções de atenção plena à respiração.

A prática: Atenção plena à respiração com relaxamento

Nossas mentes estão sempre ligadas aos nossos corpos; portanto, precisamos incorporar nossos corpos à prática meditativa. Fazemos isso em cada sessão, estabelecendo o corpo em seu estado natural imbuído de três qualidades: relaxamento, imobilidade e vigilância.

A postura

Geralmente é preferível praticar a meditação sentado sobre uma almofada, com as pernas cruzadas. Mas se assim for desconfortável, você pode se sentar em uma cadeira ou deitar-se na posição supina (de costas), recostando a cabeça em um travesseiro. Independentemente da posição que escolher, mantenha as costas eretas e estabeleça o corpo de forma relaxada e confortável. Seus olhos podem permanecer fechados, parcial ou totalmente abertos, como desejar. Minha preferência pessoal, quando pratico a atenção plena à respiração, é fechar os olhos parcialmente, deixando apenas entrar um pouco de luz, e gosto de meditar em uma sala suavemente iluminada. Use roupas confortáveis que não comprimam a cintura e nem o abdômen.

Se estiver sentado, você pode deixar suas mãos repousarem nos joelhos ou no colo. Sua cabeça pode ficar levemente inclinada ou dirigida para frente, e sua língua deve tocar levemente o céu da boca. Agora, traga sua consciência para as sensações táteis ao longo de todo o corpo, desde as solas dos pés até o topo da cabeça. Observe as sensações nos ombros e pescoço, e, se detectar alguma tensão nessa área, relaxe. Da mesma forma, tome consciência dos músculos da face – mandíbula, têmpora, testa, olhos; relaxe qualquer região que esteja contraída. Deixe seu rosto relaxar como o de um bebê adormecido e deixe todo o corpo à vontade.

Durante toda essa sessão mantenha o corpo o mais imóvel possível. Evite movimentos desnecessários. Você notará que a imobilidade do corpo ajuda a acalmar a mente.

Se estiver sentado, adote uma "postura de vigilância": eleve levemente o esterno, de tal forma que, quando inspirar, possa sentir a respiração chegando naturalmente ao abdômen, expandindo durante a inspiração e retraindo na expiração. Durante as sessões de meditação, respire como se estivesse despejando água em uma jarra, preenchendo-a do fundo até a borda. Quando a respiração estiver superficial, apenas o abdômen se expandirá. Durante uma respiração mais profunda, primeiro o abdômen e depois o diafragma se expandirão, e quando inspirar ainda mais profundamente, o tórax finalmente se expandirá depois do abdômen e do diafragma.

Se estiver meditando na posição supina, posicione-se de tal forma que possa mentalmente traçar uma linha reta de um ponto entre os calcanhares, passando pelo umbigo, até o queixo. Deixe os pés caírem para os lados e deixe os braços esticados, cerca de 30 graus afastados do torso, com as palmas das mãos naturalmente voltadas para cima. Descanse a cabeça no travesseiro. Pode ser confortável colocar uma almofada embaixo dos seus joelhos para ajudar a relaxar as costas. A vigilância na posição supina é principalmente psicológica – uma atitude que considera essa posição uma postura formal de meditação, e não simplesmente um descanso.

A prática

Permaneça relaxado, imóvel e vigilante. Essas três qualidades do corpo devem ser mantidas durante todas as sessões de meditação. Quando já tiver estabelecido seu corpo com essas três qualidades, faça três respirações lentas, suaves e profundas, inspirando e expirando pelas narinas. Deixe que sua consciência permeie todo o corpo enquanto respira, notando qualquer sensação relacionada à respiração. Entregue-se e desfrute dessas respirações profundas, como se estivesse recebendo uma massagem interna bem suave.

Em seguida, estabeleça a respiração em seu fluxo natural. Continue respirando através das narinas, observando as sensações relacionadas à respiração que surgirem em qualquer parte do corpo. Observe o curso completo de cada inspiração e de cada expiração, notando se estão curtas ou longas, profundas ou superficiais, rápidas ou lentas. Não imponha ritmo algum à respiração. Fique atento a ela, mas sem influenciá-la. Nem mesmo prefira um tipo de respiração em vez de outro, e não assuma que uma respiração ritmada é necessariamente melhor do que uma respiração irregular. Deixe o corpo respirar como se você estivesse dormindo profundamente, porém conscientemente vigilante.

Inevitavelmente os pensamentos surgirão de forma involuntária, e sua atenção também poderá ser desviada por ruídos ou outros estímulos do ambiente. Quando notar que se distraiu, em vez de contrair-se e forçar sua atenção a voltar à respiração, simplesmente solte esses pensamentos e distrações. Especialmente a cada expiração, relaxe o corpo, solte os pensamentos e, alegremente, deixe que sua atenção se estabeleça novamente no corpo. Quando perceber que sua mente se distraiu, não se aborreça. Apenas se alegre por haver notado a distração e retorne gentilmente à respiração.

Durante todo o tempo, neutralize a agitação e a turbulência da mente por meio de um relaxamento cada vez mais profundo, e não contraindo ainda mais o corpo ou a mente. Se alguma tensão se formar nos ombros, na face ou nos olhos, relaxe. Com cada expiração, libere os pensamentos involuntários como se eles fossem folhas secas, sopradas por uma brisa leve. Relaxe profundamente durante toda a expiração e continue relaxando enquanto a próxima inspiração começa a acontecer sem esforço, como uma onda chegando à praia. Respire sem esforço, sentindo que seu corpo está sendo "respirado" pelo ambiente.

Continue praticando por um período de vinte e quatro minutos; depois encerre calmamente a meditação e engaje-se novamente com o mundo à sua volta.

Reflexões sobre a prática

A meditação conduzida de atenção plena à respiração apresentada acima é baseada no principal discurso do Buda sobre esse tema. Aqui está um excerto da explicação do Buda:

> Inspirando longamente, sabemos, "Eu inspiro longamente". Expirando longamente, sabemos, "Eu expiro longamente". Inspirando de forma curta, sabemos, "Eu inspiro de forma curta". Expirando de forma curta, sabemos, "Eu expiro de forma curta". Assim treinamos: "Irei inspirar experienciando todo o corpo. Irei expirar experienciando todo o corpo. Irei inspirar acalmando o domínio do corpo. Irei expirar acalmando o composto do corpo"[5].

Como observado acima, nessa prática você não tenta regular a respiração de forma alguma; você simplesmente observa a duração de cada inspiração e de cada expiração. Na maioria dos comentários Theravada sobre esse discurso, a frase "experienciar todo o corpo" é interpretada como uma referência a todo o corpo da respiração, isto é, o curso total de cada inspiração e expiração. Esse é certamente o objetivo desta prática, mas é também importante observar as sensações da respiração ao longo de todo o corpo.

Essa é uma "abordagem de campo" do treinamento da atenção. Em vez de concentrar a atenção em uma imagem mental, em uma oração, em um mantra, ou em uma região específica do corpo, abra sua consciência a todo o campo de sensações do corpo, especialmente àquelas relacionadas à respiração. A ênfase aqui

---

[5]. Esta versão é de minha autoria [N.T.]. Cf. tb. "Anapanasati Sutta". In: *The middle length discourses of the Buddha*. Boston: Wisdom, 1995, p. 943-944 [Trad. de Bhikkhu Bodhi].

está no relaxamento físico e mental. Se você contrair a mente e o corpo, o treinamento de shamatha agravará a tensão que você já tem. Estabelecendo a consciência no corpo, você dissolverá os nós de tensão no corpo e na mente. A rigidez se dissipará por si só, e isso melhorará o funcionamento do corpo.

A atenção plena à respiração é universalmente indicada para aqueles que são especialmente inclinados ao pensamento compulsivo. Asanga, mestre budista do século V, comentou: "Se os pensamentos involuntários dominarem sobretudo seu comportamento, concentre sua atenção plena na inspiração e na expiração"[6]. Como praticamente todas as pessoas que vivem nos grandes centros lidam hoje com uma sobrecarga de pensamentos, planejamentos e recordações, isto pode ser exatamente o que o médico recomendou: uma receita geral para acalmar e curar corpos e mentes sobrecarregados.

Embora o budismo geralmente recomende a meditação com as pernas cruzadas, o Buda encorajou seus seguidores a praticarem em qualquer uma das quatro posturas: caminhando, em pé, sentado e deitado[7]. Qualquer uma dessas posições é perfeitamente adequada. Nem todas as pessoas que vivem no mundo moderno têm o mesmo tipo de mente ou de sistema nervoso. Se você tem uma predisposição à agitação, a postura deitada pode ajudar a aliviar a tensão e a inquietação do corpo e da mente. Por outro lado, se for mais propenso à lassidão, pode acontecer de você adormecer sempre que se deitar; será então necessário manter a coluna na posição vertical durante a meditação.

Deitar-se também pode ser útil para meditar quando estiver fisicamente cansado, mas sem sono. Nesse caso, seria difícil

---

6. Cf. citação em TSONG-KHA-PA. *The Great Treatise on the Stages of the Path to Enlightenment*. Vol. 3. Ithaca, NY: Snow Lion, 2002, p. 39-40 [Trad. de The Lamrim Chenmo Translation Committee].

7. "Satipaṭṭhāna Sutta". In: *The Middle Length Discourses of the Buddha*. Op. cit., p. 146.

manter-se na posição vertical em uma postura de vigilância, mas a possibilidade de se deitar por alguns minutos pode ser bastante convidativa. Entregue-se à necessidade do seu corpo de descansar e aproveite a posição supina para acalmar também a mente. É bem provável que a prática seja mais revigorante e tranquilizadora do que assistir televisão ou ler jornal. A posição supina pode ser a única opção caso esteja doente, ferido ou debilitado. Pode ser especialmente útil para pessoas hospitalizadas e para pessoas idosas internadas em clínicas especiais ou asilos.

A atenção plena à respiração é uma forma excelente de preparar a mente para o treinamento mental, mas também pode ajudá-lo a dormir. Se você sofre de insônia, o método descrito acima pode ajudar a aliviar a tensão do corpo e da mente quando se deitar. Se você acorda com frequência no meio da noite e tem dificuldade para voltar a dormir, a atenção plena à respiração pode ajudá-lo a se desligar dos pensamentos que inundam a mente. De acordo com estudos recentes, cerca de 80% dos americanos sofrem cronicamente de privação do sono. Portanto, se esta prática ajudá-lo apenas a dormir melhor, já terá valido a pena!

Um modo de vida mais atento

Todos nós temos consciência de que o corpo é capaz de se curar. Os médicos não curam os ferimentos e os cirurgiões não consolidam as fraturas dos ossos. Na verdade, eles fazem tudo o que é possível para permitir que o corpo cure a si mesmo – mantêm o ferimento limpo, estabilizam o osso fraturado, e assim por diante. Isso tudo é tão comum que é fácil perder de vista a natureza extraordinária dos poderes de cura do próprio corpo.

Normalmente quando observamos algo que *podemos* controlar, nós *tentamos* modificá-lo de alguma forma. Mas a atenção plena à respiração implica deixar a inspiração e a expiração fluírem com a menor interferência possível. Temos de começar assumindo que o corpo sabe como respirar, melhor do que a mente.

Da mesma forma que o corpo sabe como curar um ferimento ou um osso fraturado, ele também sabe como respirar. Confie em seu corpo. Você vai descobrir que a consciência sustentada na respiração, livre da interferência das oscilações das emoções e da atenção, acalma o corpo e a mente. Você poderá observar o processo de cura acontecendo diante de seus próprios olhos.

A atenção plena à respiração também é útil para superar desequilíbrios físicos e mentais produzidos por um modo de vida estressante e agitado, mas você também pode usar a meditação para prevenir esses desequilíbrios antes que se instalem. Os ambientalistas falam sobre "ir atrás do elefante limpando a sujeira" – a tarefa sem fim de eliminar a contaminação industrial –, defendendo que evitar a poluição do ambiente seria uma estratégia muito mais eficiente. Da mesma forma, a atenção plena à respiração pode ser usada para evitar a contaminação do nosso ambiente interno. Ela nos ajuda a conter o elefante da mente e evita os desequilíbrios que tão frequentemente acompanham a vida moderna.

A cura do corpo-mente tem um outro importante paralelo com as ideias ambientalistas. Quando um riacho é poluído, podemos tentar adicionar antídotos contra as toxinas, esperando que esses aditivos neutralizem os danos. Mas a abordagem mais direta e sensata é simplesmente impedir que mais contaminantes atinjam o riacho. Quando isso é feito, com o tempo, a simples passagem da água pelo solo, pelas pedras e pela vegetação é capaz de purificar o riacho completamente. Da mesma forma, em vez de adotar qualquer técnica especial de respiração, você pode simplesmente parar de perturbar a respiração com emoções e pensamentos aflitivos. E rapidamente descobrirá que o fluxo saudável da respiração é naturalmente restaurado.

De acordo com o budismo e outras tradições contemplativas, os desequilíbrios mentais estão intimamente relacionados ao corpo, especialmente à respiração. Esta sempre reage rapidamente quando nos acalmamos ou nos perturbamos. No sentido inverso, as irregularidades da nossa respiração também afetam os estados emocionais. No decorrer de um dia nossas mentes ficam aprisionadas por um fluxo de pensamentos, planos, memórias e preocupações, frequentemente perturbadores. Da próxima vez que ficar irritado ou triste, alegre ou surpreso, observe o ritmo da respiração. Verifique também quando estiver trabalhando, concentrado naquilo que está fazendo, ou preso em um engarrafamento. Compare esses padrões da respiração com os de quando estiver calmamente sentado em casa, ouvindo música ou observando o pôr do sol.

Quando estamos sonhando, todos os tipos de processos mentais continuam acontecendo, ainda que os nossos corpos e sentidos físicos estejam adormecidos. Nossas respostas emocionais aos sonhos são tão reais e tão impactantes sobre o corpo e a respiração quanto as emoções no período em que estamos acordados. A única trégua que temos desses estímulos sensoriais e mentais é quando estamos em sono profundo sem sonhos. É nesse momento que a respiração pode fluir sem as influências perturbadoras da mente. Acredito que essa seja a respiração mais saudável que a maioria de nós tem durante o dia e a noite. Pode ser que no final do dia adormeçamos exaustos, mas oito horas mais tarde acordamos refeitos e prontos para um novo dia. Com demasiada frequência, esse acabará sendo apenas mais um dia em que iremos novamente tirar nossos corpos e mentes do equilíbrio.

Agora temos a oportunidade de quebrar esse hábito. Não temos que esperar adormecer para que a respiração se restabeleça e cure os danos causados durante o dia. Com a atenção plena à respiração, podemos fazer isso a qualquer momento. Podemos deixar que nossa respiração flua sem esforço e sem controle, permitindo que o corpo restabeleça o equilíbrio por seus próprios meios.

Atenção dirigida é simplesmente focar a atenção nas sensações da respiração, o primeiro estágio desta prática. Este primeiro estágio é atingido quando você for capaz de sustentar a atenção na respiração por pelo menos alguns segundos. Quando praticada com persistência, uma pequena sessão de meditação pela manhã ou à noite traz imediatamente uma maior clareza para todas as suas atividades e permite que os hábitos pouco saudáveis sejam naturalmente detectados.

Mas ainda que você ache esta prática útil, pode ser difícil encontrar tempo todos os dias para se dedicar a esse treinamento da atenção. Criar tempo para equilibrar sua mente requer uma dose de bondade amorosa para com você mesmo. Portanto, para ser capaz de fazer escolhas que verdadeiramente conduzam ao seu bem-estar, e não apenas proporcionem sensações prazerosas, você precisa primeiramente cultivar a bondade amorosa.

INTERLÚDIO: Bondade amorosa

Com todas as demandas que tomam nosso tempo, a ideia de nos dedicarmos à meditação pode parecer apenas uma obrigação a mais. Mas eu diria que a razão pela qual muitas pessoas não encontram tempo para meditar não é estarem muito ocupadas. Nós sempre estamos fazendo *alguma coisa* durante cada minuto do dia, independentemente do quanto nossas vidas sejam ocupadas ou livres. A forma *como* preenchemos nossos dias depende simplesmente das nossas prioridades. Dar alta prioridade à sobrevivência, assegurar que tenhamos alimento suficiente, abrigo, roupas, cuidados médicos e que nossos filhos recebam a melhor educação possível, é obviamente importante. Usando uma metáfora da educação: as tarefas que atendem às necessidades básicas são "matérias obrigatórias", e tudo o mais que fazemos são "matérias optativas". A escolha de quais matérias optativas preencherão nossos dias depende dos nossos valores.

Em outras palavras, garantidas as nossas necessidades básicas, o restante do nosso tempo é dedicado à satisfação dos desejos do coração. Podemos considerar isso como sendo a busca pela felicidade, pela realização ou por uma vida mais significativa. Seja o que for que consideremos ser o propósito das nossas vidas, este sempre terá como foco pessoas, coisas, circunstâncias e outras qualidades mais intangíveis que nos trazem satisfação. Você já viveu algumas décadas buscando a felicidade. Pare por alguns instantes e se pergunte: Quanto de satisfação sua vida lhe proporcionou até este momento?

A escolha da felicidade genuína

Muitos dos grandes pensadores da história – desde Santo Agostinho e William James até o Dalai Lama – comentaram que a busca pela felicidade genuína é o propósito da vida. Ao fazerem essa incrível afirmação eles estavam obviamente se referindo a algo mais do que a busca por meros estímulos agradáveis. Eles tinham algo mais profundo em mente, um bem-estar mais autêntico e duradouro que vem de dentro de nós[8].

A felicidade genuína é um sintoma de uma mente saudável e equilibrada, da mesma forma que o bem-estar físico é o resultado de um corpo saudável. Para as pessoas do mundo moderno prevalece a noção de que o sofrimento é inerente à vida, que experienciar frustração, depressão e ansiedade faz parte da própria natureza humana. Mas o sofrimento mental, em muitas ocasiões, não serve para nada. É simplesmente uma aflição que não traz benefício algum para nós. É apenas um sintoma de uma mente desequilibrada.

Na busca pela felicidade genuína é vital reconhecermos que poucas coisas no mundo estão sujeitas ao nosso controle pessoal. As outras pessoas – família, amigos, colegas de trabalho e estranhos – se comportam como querem, de acordo com suas

---

8. Cf. WALLACE, B.A. *Felicidade genuína* – Meditação como o caminho para a realização. Teresópolis: Lúcida Letra, 2015, cap. 1 [Trad. de Jeanne Pilli].

próprias ideias e objetivos. Da mesma forma, pouco podemos fazer para controlar a economia, as relações internacionais ou o ambiente natural. Portanto, se basearmos a busca pela felicidade na nossa habilidade de influenciar outras pessoas e o mundo de um modo geral, é quase certo que estaremos condenados ao fracasso. O que podemos controlar? Que liberdade nós realmente temos, aqui e agora? Nosso primeiro ato de liberdade deve ser o de escolher nossas prioridades com sabedoria.

Equilíbrio conativo e avaliação das nossas prioridades

Quando olhamos para o que desejamos e para o que ansiamos – onde gastamos nosso tempo e nossos recursos –, podemos compreender melhor nossas prioridades. O termo *conação* se refere à faculdade de desejo e vontade. O equilíbrio conativo, um elemento crucial para a saúde mental, se expressa quando nossos desejos são conducentes à felicidade genuína, nossa e dos outros. Os desequilíbrios conativos, por outro lado, são caminhos através dos quais nossos desejos nos distanciam da saúde mental e levam à angústia psicológica. Esses desequilíbrios podem ser de três tipos: déficit conativo, hiperatividade conativa e disfunção conativa.

O déficit conativo ocorre quando sentimos apatia em relação à felicidade e suas causas. Essa apatia é normalmente acompanhada por uma falta de imaginação e uma espécie de estagnação: não conseguimos imaginar nos sentindo melhor do que agora e, portanto, não tentamos fazer nada a respeito. Isso nos rouba o incentivo para atingir um maior bem-estar mental. A hiperatividade conativa ocorre quando os desejos obsessivos obscurecem a realidade do momento presente. As fantasias sobre o futuro – os desejos não satisfeitos – nos cegam para aquilo que está acontecendo aqui e agora. Por fim, a disfunção conativa acontece quando nós *desejamos* as coisas que são prejudiciais ao nosso bem-estar e ao bem-estar dos outros, e *não desejamos* as coisas que nos levam à felicidade genuína, tanto para nós como para os outros. Eu incluo os "outros" aqui porque não podemos cultivar um equilíbrio mental ideal isolados dos outros. Nós não existimos de forma independente dos outros; portanto, nosso bem-estar também não pode surgir independentemente dos outros. Para florescermos individualmente precisamos considerar o bem-estar dos outros à nossa volta. Como o Buda declarou: "Aquele que ama a si mesmo jamais será capaz de causar dano algum ao outro"[9].

O budista indiano contemplativo, Śāntideva, fez o seguinte comentário sobre a disfunção conativa: "Aqueles que buscam escapar do sofrimento se apressam em direção à sua própria infelicidade. E desejando a felicidade, a partir da delusão, destroem seu próprio bem-estar, como se fosse um inimigo"[10]. No budismo, os desejos equivocados são chamados de *apego*, que aqui significa uma atração por algo cujas qualidades desejáveis exageramos, ao mesmo tempo em que ignoramos quaisquer qualidades indesejáveis. Se o apego for intenso, acharemos que a possibilidade de alcançarmos nossa própria felicidade é inerente ao objeto ao qual nossa mente está voltada. Isto toma o nosso poder e o entrega ao objeto de atração[11]. Quando a realidade rasga nossas fantasias, a desilusão toma conta. Esta, por sua vez, pode levar à hostilidade e à aversão, fazendo com que projetemos qualidades negativas sobre aquele objeto que um dia foi alvo do nosso apego.

Encontrando tempo

Para trazer toda essa discussão de volta ao tema central deste livro, um dos maiores impedimentos ao treinamento da atenção é não encontrar tempo. E a razão pela qual não encontrarmos

---

9. *Udāna* 47.

10. ŚĀNTIDEVA. *A Guide to the Bodhisattva Way of Life*. Ithaca, NY: Snow Lion, 1997, I, p. 28 [Trad. de B.A. Wallace e V.A. Wallace].

11. RABTEN, G. *The Mind and Its Functions*. 2. ed. Mont Pèlerin, Suíça: Rabten, 1992, p. 74-75 [Trad. de Stephen Batchelor].

tempo para meditar é estarmos dedicando muito tempo a outras prioridades. Algumas dessas prioridades estão centradas em nossas necessidades básicas, mas muitas estão relacionadas ao apego, no sentido descrito acima. Quando desejamos os *símbolos* da boa-vida – riqueza, prazeres transitórios, elogios e reputação – podemos nos privar da *realidade* de viver bem. A razão pela qual não dedicamos mais tempo para equilibrar a mente é apostarmos a vida na possibilidade de encontrar a felicidade perseguindo prazeres transitórios. Os psicólogos chamam essa busca de *esteira hedônica*[12], e o primeiro passo para escapar desse processo excruciante é buscar uma visão de felicidade genuína que advenha dos nossos próprios recursos internos, em grande parte inexplorados. É assim que começamos a cultivar a bondade amorosa, primeiro conosco e depois com aqueles ao nosso redor.

Meditação da bondade amorosa

Comece deixando que seu corpo repouse em uma posição confortável, sentando em uma almofada com as pernas cruzadas ou sobre uma cadeira. Traga sua consciência para as sensações físicas ao longo de todo o corpo, respirando nas regiões que estiverem mais tensas ou contraídas. Permaneça imóvel e adote uma postura de vigilância. Faça, então, três respirações, lentas e profundas, inspirando pelas narinas, expandindo o baixo-ventre, o diafragma e, finalmente, o tórax. Expire sem esforço, estabelecendo o corpo em seu estado de repouso.

Fique atento ao ritmo da respiração por alguns instantes, deixando-a fluir sem que seja perturbada por pensamentos ou emoções inquietantes. Estabeleça sua atenção em um estado de relaxamento, de imobilidade e de clareza.

Agora, partindo desse estado de serenidade, desperte sua imaginação com três questões. A primeira é: "O que eu gostaria

---

12. KAHNEMAN, D.; DIENER, E. & SCHWARTZ, N. (ed.). *Well-being*: The Foundations of Hedonic Psychology. Nova York: Russell, 1999.

de receber do mundo para poder ter uma vida feliz, significativa e plena de realizações?" Algumas dessas coisas podem ser tangíveis, como alimento, abrigo, roupas e cuidados médicos. Mas outros requisitos para o seu bem-estar podem ser intangíveis, como harmonia em seu ambiente, companhia calorosa de outras pessoas e orientação com sabedoria para guiá-lo em sua jornada espiritual. Traga de forma clara à sua mente todas as coisas que deseja obter para satisfazer suas necessidades básicas. Permita, então, que surja a seguinte aspiração: "Que esses desejos autênticos possam ser satisfeitos!"

Agora deixe que essa visão da sua própria felicidade se aprofunde. Veja claramente suas necessidades básicas sendo realizadas e avance ainda mais, questionando: "O que mais gostaria de receber das pessoas e do ambiente ao meu redor? O que poderiam me oferecer para ajudar a encontrar a felicidade que busco?" Você pode trazer à mente tanto as coisas tangíveis como as intangíveis, tudo aquilo que sentir que poderia ajudá-lo na realização dos desejos do seu coração. Imagine que o mundo vem ao seu encontro, aqui e agora, e oferece a você todo o apoio necessário para realizar suas aspirações.

Todos nós estamos mudando constantemente – a cada momento, a cada dia –, e nossos corpos e mentes estão continuamente em estado de fluxo. A questão seguinte é: "Que tipo de pessoa quero me tornar? Quais são as qualidades pessoais que quero possuir?" Você está mudando o tempo todo, independentemente de sua escolha; portanto, visualize as mudanças que gostaria de experienciar em sua evolução como ser humano. Imagine mudanças de curto e longo prazos. E, à medida que visualiza a pessoa que gostaria de se tornar, imagine que essa transformação já está acontecendo, aqui e agora.

Nenhum de nós vive completamente isolado dos outros, não importando onde e como vivemos. Não podemos evitar influenciar as pessoas à nossa volta por meio de ações ou de omissões.

Causamos impacto no mundo, independentemente da nossa vontade. A última questão é: "O que eu gostaria de oferecer ao mundo, àqueles ao meu redor e ao ambiente onde vivo? Que tipo de marca gostaria de deixar no mundo?" Convide essa visão para entrar no seu campo de consciência, adornando-a com tantos detalhes quantos forem possíveis, e imagine que esse sonho está sendo realizado aqui e agora.

Assim como você busca felicidade para si, todas as pessoas próximas a você também estão buscando a realização de seus próprios desejos. Expanda o campo de consciência amorosa incluindo cada ser à sua volta, humano ou não humano, desejando que cada um deles, assim como você, encontre a felicidade que busca. Continue irradiando bondade amorosa a todas as pessoas à sua volta, expandindo esse círculo até que inclua todos os seres vivos de todo o mundo que, assim como você, estão buscando a felicidade[13].

---

13. Para descrições mais detalhadas da meditação da bondade amorosa cf. SALZBERG, S. *Loving kindness*: The revolutionary art of happiness. Boston: Shambhala, 2002). • POST, S.G. *Unlimited love:* altruism, compassion, and service. Filadélfia: Templeton Foundation, 2003. • WALLACE, B.A. *Felicidade genuína*. Op. cit., cap. 8.

Estágio 2
Atenção Contínua

O problema que desanima a maioria das pessoas que estão no caminho do desenvolvimento da atenção é a *agitação*. Há muitas razões pelas quais a mente se torna agitada e distraída. A raiva e o medo certamente têm influência, e viver em um ambiente movimentado e cheio de ruídos pode facilmente desestabilizar a mente. Mais comumente, entretanto, a coerência e a continuidade da atenção são prejudicadas pelo apego, ou por desejos mal-orientados.

Os sintomas mais evidentes de uma mente atormentada pelo apego são a insatisfação, a impaciência e a ansiedade. Podemos tentar suprimir esses sentimentos desagradáveis nos atirando ao trabalho, ao entretenimento, a conversas ou a qualquer outra coisa que mascare esses sintomas. Ou podemos lidar com a fonte desse sofrimento curando nossos desequilíbrios conativos através da prática de shamatha e da meditação da bondade amorosa.

Os meditadores mais avançados, que progrediram ao longo dos nove estágios que levam à shamatha, identificaram três graus de agitação. O primeiro é chamado de *agitação grosseira*, que encontramos tipicamente durante os estágios iniciais do treinamento da atenção. Os dois graus subsequentes de agitação, *agitação intermediária* e *agitação sutil*, tornam-se aparentes apenas durante os estágios mais avançados do treinamento da atenção.

Quando a agitação grosseira toma conta da mente, perdemos completamente o contato com o objeto de meditação escolhido. É como se a mente fosse levada contra a sua vontade e atirada no "porta-malas" de uma distração ou de um estímulo sensorial. No primeiro estágio do desenvolvimento da atenção, da atenção dirigida, o grau de agitação é tão grosseiro que você não observa absolutamente nenhuma continuidade da atenção no objeto escolhido. A mente salta de um objeto para outro, como um pássaro que pula de galho em galho, sem nunca descansar. Essa turbulência é superada somente através de uma prática habilidosa e persistente, cultivando um relaxamento cada vez mais profundo, uma sensação de calma interior. Ao final, a mente começará a se acalmar e você poderá experienciar breves períodos de atenção sustentada, que se perde novamente.

Em certo sentido, a prática da atenção plena à respiração é fácil. Não é difícil direcionar a atenção às sensações táteis associadas à respiração. No início da sessão, você decide fazer exatamente isso e, mesmo assim, segundos mais tarde, sua mente está em outro lugar. O fato de isso ser normal não faz com que seja menos estranho. É como se a todo momento você perdesse a consciência, recobrasse novamente por breves períodos e, em seguida, perdesse outra vez. Parece que todos nós sofremos esses surtos frequentes de amnésia!

No segundo dos nove estágios, da *atenção contínua*, você experiencia períodos ocasionais de continuidade, mas, na maior parte do tempo, a mente ainda está aprisionada em devaneios e distrações sensoriais. Não se deixe enganar pelo nome desse estágio. Atenção contínua não significa que você seja capaz de manter uma continuidade ininterrupta por longos períodos; significa que, de vez em quando, você consegue continuar centrado por um período, sem perder o objeto de atenção completamente de vista. Entretanto, vez após vez, você ainda voltará à agitação grosseira, perdendo-se completamente do seu objeto de atenção. Quando for capaz de manter, ocasionalmente, a continuidade da consciência das sensações físicas por cerca de um minuto, você terá atingido o segundo estágio.

O segundo estágio é alcançado através do *poder do pensar*. O desafio nessa fase da prática é sustentar o interesse no objeto, e você poderá fazer isso pensando nas instruções, entre as sessões. Se você for um meditador experiente, já deve ter percebido que os comentários internos involuntários sobre sua prática podem ser um obstáculo. Até mesmo pensar continuamente, "Aqui está a inspiração... aqui está a expiração..." pode representar uma intrusão. Contudo, os comentários internos também podem ser úteis, especialmente nos primeiros dois estágios da prática de shamatha; se estiver pensando sobre a prática, pelo menos não estará pensando em outras coisas!

Uma outra forma de usar o poder do pensar para ajudar a acalmar a mente distraída é contar as respirações. Isso é como usar aquelas rodinhas de apoio quando estamos aprendendo a andar de bicicleta. Ainda que a prática de contar mentalmente as respirações seja uma espécie de pensar, ela pode ajudar a simplificar a mente conceitual. Em vez de ter muitas coisas para pensar durante a meditação, você reduz os pensamentos à contagem das respirações. É importante, contudo, que enquanto se esforça para sustentar a atenção contínua você não perca a sensação inicial de relaxamento. A estabilidade da atenção deve emergir de uma mente relaxada, sem atrapalhar o relaxamento. Vamos prosseguir agora à prática da atenção plena à respiração, que é especialmente útil para aumentar a estabilidade da atenção.

A prática: Atenção plena à respiração com estabilidade

Iniciamos esta sessão, como feito anteriormente, estabelecendo o corpo em seu estado de repouso, imbuído das três qualidades de relaxamento, imobilidade e vigilância. Deixando que a consciência permeie as sensações táteis ao longo de todo o corpo, faça três respirações profundas e lentas, observando as sensações do ar preenchendo todo o tronco, desde o baixo-ventre até o tórax. A seguir, deixe sua respiração retornar ao ritmo natural e esteja simplesmente presente com a respiração por alguns minutos, respirando com o menor esforço possível.

Com essa preparação você estabelece uma base de relaxamento. Sem perder essa sensação de calma, passe agora a enfatizar o cultivo da estabilidade da atenção. Essa é a habilidade de sustentar o foco da atenção sem permitir que ela seja fragmentada ou perturbada pela força das sensações e pensamentos distrativos. Com esse objetivo, em vez de manter a atenção nas várias sensações da respiração ao longo de todo o corpo, foque a sua atenção apenas nas sensações da expansão e relaxamento do abdômen, em cada uma das respirações. Como fez anteriormente, observe a duração de cada inspiração e de cada expiração e observe, também, a duração das pausas entre as respirações.

Por puro hábito, os pensamentos não intencionais formarão uma cascata em sua mente, como uma verdadeira cachoeira. Uma forma de estancar esse fluxo implacável de encandeamento de ideias é contar as respirações. Tente isso agora, contando "um", no início da primeira inspiração; em seguida preste bastante atenção às sensações da respiração durante todo o restante da inspiração e durante toda a expiração. Conte "dois" no início da próxima respiração e continue fazendo dessa forma enquanto achar que é útil. Deixe que essa contagem mental seja breve para que sua atenção à contagem não substitua a consciência da própria respiração. O objetivo da contagem é inserir breves lembretes na prática – "lembrar de lembrar" – para que você não seja arrastado pelas distrações. Observar esses indicadores mentais, em intervalos regulares no curso da respiração, é como observar as placas de distância nas rodovias que, por estarem ali, mostram que você está no caminho certo ou que, por não estarem, mostram que você saiu da rota que havia escolhido.

Essa fase da prática diz respeito principalmente à *atenção plena à respiração*, não à *contagem*. É fácil manter uma continuidade suficiente de atenção para acompanhar a contagem, mas pode acontecer de, entre as contagens, a mente se perder, como um cachorro sem coleira. Deixe a contagem lembrar você de manter a atenção focada nas sensações táteis da respiração, que se modificam de um momento ao outro. Depois de contar as respirações no início da inspiração, deixe que sua mente conceitual permaneça o mais silenciosa possível durante o restante da inspiração. E durante a expiração libere qualquer pensamento involuntário que tenha brotado. Como mencionado anteriormente, intensifique sua atenção (neutralizando a lassidão) durante a inspiração, e relaxe (neutralizando a agitação) a cada expiração. Mas não relaxe demais, a ponto de se sentir desorientado ou sonolento. Dessa forma, a cada respiração completa você remediará os dois maiores desequilíbrios da atenção.

A meditação é um ato de equilíbrio entre a atenção e o relaxamento. O domínio dessa técnica requer o cuidado de evitar o reflexo natural de se esforçar mais, ou de ser exigente demais, quando sentir que sua mente acabou se distraindo. Em vez disso, assim que perceber que sua mente divagou, abandone o esforço de se apegar ao pensamento ou à sensação física que o distraiu, retorne à respiração e relaxe mais profundamente. Lembre-se de que o objetivo principal desse treinamento da atenção não é impedir que os pensamentos surjam, mas sim primeiramente relaxar o corpo e a mente, cultivando, assim, a estabilidade da atenção continuamente sustentada no objeto de escolha. Os pensamentos certamente surgirão. Apenas faça o que for possível para evitar ser arrastado por eles.

O tipo de consciência cultivada aqui é chamada de *atenção direta*[14], na qual a mente está totalmente centrada nas impressões sensoriais que surgem, momento a momento, em vez de ficar aprisionada em respostas conceituais e emocionais a esses estí-

---

14. O termo traduzido aqui como "atenção direta" é o termo em inglês "*bare attention*", podendo significar atenção nua, sem modificações, simples, contrapondo-se à atenção influenciada pela atividade da mente conceitual [N.T.].

mulos. Enquanto se concentra nas sensações da respiração no abdômen, poderão surgir imagens mentais do corpo, baseadas na memória visual, juntamente com as sensações físicas em si. Reconheça a diferença entre as sensações táteis da respiração à medida que elas se apresentam à atenção direta, e as imagens mentais do corpo, que são sobrepostas pela mente conceitual. Assim que notar a presença dessas imagens mentais, libere-as e dirija sua atenção unicamente às experiências táteis diretas da respiração.

Continue praticando por um período de vinte e quatro minutos, experimentando utilizar a contagem. Tente, algumas vezes, contar as respirações apenas no início da sessão; outras vezes, durante toda a sessão e, em outras ocasiões, conte intermitentemente, quando a mente ficar aprisionada na conceituação.

Reflexões sobre a prática

Iniciamos esta prática, no primeiro estágio, enfatizando principalmente o relaxamento. De maneira geral, quanto mais relaxados estivermos, mais estável nossa atenção poderá se tornar. Mas esse relaxamento precisa ser equilibrado com a vigilância; caso contrário, levará simplesmente à lassidão, à preguiça ou a devaneios desenfreados. Uma vez estabelecida essa base de relaxamento, podemos enfatizar de forma mais intensa a estabilidade da atenção.

Uma maneira de cultivar a estabilidade da atenção é dirigi-la diretamente às sensações no abdômen, associadas à inspiração e à expiração. A atenção plena ao corpo todo é muito útil para relaxar a mente; porém, essa técnica de focar o abdômen, que é ensinada com frequência pela tradição Theravada da Birmânia, pode ser especialmente útil para estabilizar a mente.

Muitas tradições budistas, incluindo o budismo Zen e o budismo Theravada, encorajam a prática da contagem das respirações como um meio de estabilizar a atenção, e essa sugestão também é encontrada na tradição indiana Mahayana. A tradição budista Theravada é baseada nos ensinamentos atribuídos ao Buda registrados inicialmente no idioma pali, e está focada na liberação do próprio praticante, ou nirvana. A tradição Mahayana é baseada nos ensinamentos atribuídos ao Buda registrados em sânscrito, e está centrada na realização da natureza de buda para benefício de todos os seres. Um sutra Mahayana, por exemplo, afirma: "Como você observa corretamente, pelo poder da atenção plena, os movimentos da inspiração e expiração? Você os conta corretamente"[15]. Seguindo o clássico tratado *The Path of Purification*, um estudioso contemporâneo do Sri Lanka sugere contar de um a dez, contando cada respiração completa. Assim que se acostumar, ele diz que você pode passar para essa técnica mais avançada[16]:

> O meditador, tomando a inspiração ou a expiração como ponto de partida, como preferir, deve iniciar contando "um" e repetir até que venha a próxima inspiração, contando "um, um", "dois, dois", e seguir dessa maneira até "dez, dez", observando as respirações conforme surgem, sucessivamente. Contando dessa maneira, a inspiração e a expiração ficam mais claras e evidentes para a mente.

Asanga sugere uma técnica alternativa[17]:

> Quando a inspiração acontecer, conte "um" com atenção plena aplicada à inspiração e expiração. Quando a inspiração terminar e a expiração começar, conte "dois", contando assim até dez. O número de respira-

---

15. "Sutra of the Ten Wheels of Kshitigarbha". In: CHAGMÉ, K. *A Spacious Way to Freedom:* Practical Intructions on the Union of Mahāmudrā and Atiyoga. Ithaca, NY: Snow Lion, 1998, p. 77 [Comentários de Gyatrul Rinpoche; trad. de B. Alan Wallace].

16. VAJIRAÑĀṆA, P. *Buddhist Meditation in Theory and Practice*. Kuala Lumpur, Malásia: Buddhist Missionary Society, 1975, p. 245.

17. Excerto de *The Stages of the Lisnteners* (Śāvakabhūmi).

ções contadas não deve ser nem pequeno e nem muito grande. Isto é chamado de contar individualmente.

Buddhadasa, um mestre tailandês do século XX, traduziu a palavra *anapanasati*, que é usualmente traduzida como "atenção plena à respiração", como "atenção plena com respiração"[18]. Nessa prática, nós prestamos atenção *ao* campo das sensações táteis, e prestamos atenção *com* a respiração. Faça tudo o que puder para não perder o contato com o ir e vir da respiração e com a forma como isso influencia as sensações no seu abdômen. Mantenha a mente sempre aberta e relaxada, sem qualquer contração.

Você poderá se surpreender quando perceber quanto desconforto poderá surgir no corpo, até mesmo quando suas sessões de prática forem relativamente curtas e sua almofada de meditação for confortável. Isso é normal; portanto, não perca a coragem! Você pode ver os pensamentos involuntários e a tensão física como sinais que informam desequilíbrios físicos e mentais subjacentes e aprender com eles. A inquietação que você sente no corpo e na mente não é o problema real; é o sintoma do quanto seu sistema psicossomático como um todo está fora de sintonia. Deixe que esses sintomas sirvam como lembretes para relaxar a mente e respirar nas áreas de tensão no corpo.

Um modo de vida mais atento

Já aconteceu de você dirigir em uma rodovia por muitos quilômetros sem qualquer lembrança de onde esteve ou de qualquer outra coisa que tenha acontecido nesse intervalo? Ou já aconteceu de você estar tendo uma conversa com alguém e perceber que não tem a menor ideia do que foi dito nos últimos minutos? Esses são dois exemplos comuns que podem indicar um *transtorno de déficit cognitivo*. Quando nos rendemos a esses

---

18. BHIKKU, B. *Mindfulness with Breathing*: a Manual for Serious Beginners. Boston: Wisdom, 1996 [Trad. Santikaro Bhikku].

desequilíbrios mentais, a mente nos abandona sem pedir licença, e nos damos conta dessa desatenção somente algum tempo depois. Quanto mais praticarmos a desatenção, mais eficientes ficaremos – não existe melhor maneira de matar o tempo. Nossas vidas simplesmente passarão sem que possamos perceber. Os hospitais psiquiátricos cuidam de pessoas com casos incapacitantes de "desatenção", porém os transtornos de déficit cognitivos são comuns na população como um todo, e são incapacitantes a todos nós.

Vamos examinar um outro tipo de desequilíbrio cognitivo. Você já viu algo que simplesmente não estava ali, ou ouviu alguém fazer um comentário que nunca saiu de seus lábios? Esses são casos de *transtorno de hiperatividade cognitiva*, em que projetamos coisas no mundo e depois assumimos que nossas projeções estão realmente ali. Nós todos temos essa tendência, não apenas as pessoas com problemas mentais, e sempre que essas falsas superposições são feitas, criam problemas. Nossa experiência da realidade não está correspondendo àquilo que está acontecendo ao nosso redor, e quando nos comportamos como se nossa experiência cognitivamente desequilibrada fosse válida, colidimos com a realidade. Isso é uma fonte de sofrimento desnecessário.

Esses dois tipos de desequilíbrios cognitivos podem ser tratados aplicando as habilidades da atenção que cultivamos durante a meditação na nossa vida diária. Na realidade, se permitirmos que nossas mentes se entreguem à agitação e à lassidão ao longo do dia, despreocupadamente, é pouco provável que o treinamento formal de vinte e quatro minutos tenha algum efeito. Isso seria como tomar um café da manhã saudável e depois "petiscarmos porcarias" durante o resto do dia.

Não importa o quanto somos ocupados, ou pensamos ser – ninguém nos paga o suficiente para demandar nossos recursos mentais durante todos os momentos do dia. Até mesmo durante o trabalho podemos dedicar quinze segundos aqui e sessenta segundos ali para equilibrar a atenção, concentrando-nos quietamente em nossa respiração. Nossos olhos podem ficar abertos e podemos nos sentar calmamente por alguns instantes, sem chamar a atenção. Podemos fazer isso em nosso local de trabalho, enquanto estamos esperando na fila do banco, ou enquanto estamos parados em um semáforo. Existem muitas breves ocasiões, desde que nos levantamos pela manhã até adormecermos à noite, em que podemos temperar o nosso dia com uma pitada de atenção plena à respiração. E cada vez que fazemos isso, podemos sentir imediatamente o efeito revigorante em nossos corpos e em nossas mentes. Dessa forma, podemos começar a integrar a qualidade da consciência que cultivamos durante a meditação com a consciência que trazemos para nossas atividades no mundo ao longo do dia.

A qualidade de atenção direta que cultivamos na prática de atenção plena às sensações da respiração também pode ser aplicada a outras sensações. Na próxima vez em que se sentar para fazer uma refeição, experimente focar a atenção direta em cada um dos cinco sentidos físicos à medida que surgem em relação à refeição diante de você. Deixe que cada um dos sentidos – visual, olfativo, gustativo, auditivo e tátil – experienciem individualmente o alimento por meio da atenção direta, com a menor sobreposição conceitual possível.

Comece direcionando a atenção plena à aparência visual dos alimentos – apenas às cores e formas. Ignore qualquer associação conceitual que você possa ter com relação a essas impressões visuais. Abandone as preferências ou julgamentos com respeito aos alimentos. Os "gosto" e "não gosto" não estão presentes no alimento em si, e nem nas cores ou formas. Fique apenas presente com as formas e cores dos alimentos à sua frente, com atenção direta.

Agora, feche os olhos por alguns instantes e se concentre nos aromas dos alimentos. Fique totalmente presente com essas fragrâncias, percebendo como elas se modificam, momento a momento. Reconheça as nuanças desses aromas com atenção plena discriminativa, mas sem misturar sua experiência imediata com rótulos e conceitos, com "gosto" e "não gosto". Agora leve uma porção do alimento à boca, com os olhos ainda fechados, dirija sua atenção direta aos sabores que surgem em sua boca. Coma lentamente, atento aos sabores que vêm ao seu encontro. Enquanto mastiga os alimentos, dirija sua atenção aos sons que são produzidos pela mastigação. Eles nunca são os mesmos, momento a momento; portanto, surfe nas ondas do presente, sem se agarrar ao passado e sem antecipar o futuro. Por fim, aplique a atenção direta às sensações táteis dos alimentos – às sensações de calor ou frio, de firmeza ou fluidez, suavidade ou aspereza. Libere qualquer imagem mental dos alimentos, concentrando-se apenas nas qualidades táteis dos alimentos à medida que mastiga e engole.

Isso não foi interessante? Normalmente quando comemos, especialmente quando estamos envolvidos simultaneamente em alguma outra atividade, como uma conversa interessante, por exemplo, nossas sobreposições conceituais tornam as qualidades sensoriais dos alimentos imperceptíveis. Nós nos lembramos do que gostamos, do que não gostamos, ou do que nos foi indiferente em determinada refeição, mas normalmente sofremos de um transtorno de déficit cognitivo no que diz respeito aos cinco tipos de impressões sensoriais que recebemos dos alimentos. Assim como uma refeição pode passar sem ser notada, o que resta das nossas vidas também pode. Com bastante frequência, deixamos de notar o que estava acontecendo, imaginamos coisas que nunca aconteceram, e recordamos suposições, expectativas e fantasias que projetamos sobre a realidade.

Podemos aplicar a atenção direta em qualquer situação, colhendo os "frutos frescos" do mundo diretamente dos campos dos sentidos, sem empacotar as experiências diretas e frescas com as nossas velhas embalagens conceituais de sempre. O desafio aqui é distinguir aquilo que a realidade está apresentando aos nossos sentidos, momento a momento, daquilo que estamos sobrepondo ao mundo, muitas vezes de maneira inconsciente. O Buda se referiu a isso quando declarou: "No que é visto há apenas o que é visto; no que é ouvido há apenas o que é ouvido; no que é sentido há apenas o que é sentido; e no que é mentalmente percebido há apenas o que é mentalmente percebido"[19].

De acordo com a psicologia budista, em cada momento de consciência – que pode ser tão breve quanto um milésimo de segundo –, a atenção está focada em apenas um campo sensorial. Mas, durante o curso desses pulsos momentâneos de consciência, a atenção salta rapidamente de um campo sensorial a outro, como um chipanzé que tomou anfetamina. Na falta de nitidez dos saltos de um campo sensorial a outro, a mente "dá sentido" ao mundo, sobrepondo padrões conceituais familiares sobre as nossas percepções. Dessa forma, nossa experiência do mundo fica estruturada e nos parece familiar. Isto não é de todo ruim. Na realidade, seria muito difícil funcionar em nossas vidas diárias sem essa estrutura conceitual. Mas os problemas surgem quando não conseguimos reconhecer em que medida estamos conceitualmente acrescentando à realidade ou subtraindo dela por pura desatenção. É nesse momento que surgem os problemas da hiperatividade e do déficit cognitivos.

Se essa teoria for válida (os cientistas cognitivos estão atualmente explorando esses pontos), então, de momento a momento, a multitarefa mental de fato não existe. A cada momento específico nossas mentes estão focadas em uma única coisa. Portanto, a experiência de prestar atenção a várias coisas ao mesmo tempo é uma ilusão. O que realmente está acontecendo é que a atenção está se movendo rapidamente para frente e para trás, de um campo de experiência a outro. Pesquisas científicas recentes indicam que a multitarefa é, na realidade, pouco eficiente, pois a qualidade da percepção dedicada a cada tarefa fica comprometi-

---

19. *Udāna* I, 10.

da. É como se tivéssemos uma quantidade finita de atenção – como um volume finito de água correndo em um riacho – e, à medida que a direcionamos a afluentes de interesse menores, há menos atenção disponível para cada canal.

A prática da atenção focada é essencialmente "não multitarefa". É um aprendizado de como canalizar o fluxo da consciência para onde desejarmos, pelo tempo que desejarmos, sem que se torne compulsivamente fragmentado e desordenado. Portanto, da próxima vez que se deparar com a escolha de focar uma única experiência de cada vez, ou dividir sua atenção, considere suas prioridades. Se fazer alguma coisa vale a pena, vale a pena fazer bem-feita, e se fazer alguma coisa não vale a pena, vale a pena não fazer. Até mesmo quando pensamos estar no modo "multitarefa", de acordo com a psicologia budista, estamos na verdade movendo nossa atenção de uma tarefa a outra com enorme rapidez. Às vezes isso pode ser necessário, e quando for, tente fazer da maneira mais consciente possível.

INTERLÚDIO: Compaixão

Quando começa experienciar a calma interior, a simplicidade e a quietude da prática de shamatha, você pode se apegar a esse estado de mente, e isso pode resultar em uma indiferença apática às pessoas ao seu redor e ao mundo como um todo. Você conseguiu seu próprio espaço silencioso de serenidade e pode não querer ser perturbado. A valiosa aventura do treinamento meditativo pode se perder quando resulta em tal complacência; pode se transformar em pouco mais do que um substituto para o *Prozac*® ou para o *Valium*®. O objetivo real dessa prática é cultivar um equilíbrio mental que resulte em felicidade genuína, e indiferença aos outros não é um sinal de felicidade genuína e nem de saúde mental.

Enquanto algumas pessoas se tornam apegadas aos sentimentos de calma que experienciam através da prática de shamatha, outras podem ficar insatisfeitas com seu progresso e se entediar com a prática. Esse treinamento normalmente não oferece uma gratificação rápida ou resultados imediatos. A prática pode levá-lo a um estado excepcional de saúde mental e de bem-estar, mas isso requer tempo e esforço.

Em vez de suprimirmos os sintomas de uma mente desequilibrada, mergulhando no trabalho ou em diversões, podemos nos engajar em nossa prática, chegar até a raiz do problema e cultivar nossas mentes. A palavra *meditação* no mundo moderno frequentemente tem a conotação de fazer algo especial para acalmar a mente ou de tentar alcançar algum estado alterado de consciência. Mas a palavra em sânscrito para meditação é *bhavana*, que significa "cultivar". Na realidade, nós todos estamos cultivando nossas mentes, de uma forma ou de outra, durante todo o tempo, através da maneira como usamos nossa atenção. A qualidade das nossas vidas reflete a maneira pela qual temos cultivado nossas mentes até agora.

Os impedimentos ao equilíbrio mental, que são particularmente comuns no Ocidente, são o autojulgamento, a culpa e baixa autoestima. Quando começamos a praticar, podemos criar um certo nível de expectativa. E então, se não progredirmos tão bem quanto imaginávamos, ficaremos impacientes com nós mesmos e nos sentiremos culpados quando não conseguirmos ter tempo para praticar. Um fracasso a mais para acrescentarmos à nossa lista! No treinamento da atenção, estamos indo contra hábitos cultivados durante anos, sem contar os éons de evolução biológica que nos ajudaram a sobreviver e a procriar, mas que não nos prepararam para cultivar uma atenção serena e focada. Portanto, não é de admirar que nossas mentes sejam tão dispersas e propensas a desequilíbrios de todos os tipos. Mas, com paciência e gentileza, podemos treinar gradativamente nossas mentes para que nos ofereçam bem-estar interno, em vez de ansiedade, insatisfação e inquietação constantes. Isso requer compaixão por nós mesmos e pelos outros.

O primeiro passo é começar a identificar as causas reais do nosso descontentamento. Virtualmente qualquer coisa pode catalisar infelicidade, mas a verdadeira fonte está sempre na mente. Algumas pessoas se sentem desesperadamente infelizes até mesmo quando as circunstâncias externas são maravilhosas, enquanto outras sentem-se felizes e contentes mesmo quando estão enfrentando dificuldades terríveis. Nós sofremos porque nossas mentes são afligidas por vários tipos de desequilíbrios, levando-nos a buscar a felicidade nos lugares errados. Mas podemos nos livrar dessa esteira hedônica identificando aquilo que realmente nos aflige e aquilo que realmente nos traz satisfação. Os budistas se referem a essa mudança de prioridades como o surgimento de um *espírito do despertar*, com o qual nos movemos para longe das causas da infelicidade e nos colocamos no caminho da verdadeira felicidade. Isso é o que podemos fazer de mais compassivo por nós mesmos.

Nenhum de nós vive em isolamento, não importa o quanto possamos nos sentir solitários ou alienados. Nosso bem-estar está intimamente ligado a todos os outros seres ao nosso redor, especialmente àqueles com os quais estamos em contato frequente. À medida que aprendemos a ser mais compassivos com nós mesmos e menos autocríticos, é natural oferecer esse coração gentil aos outros. Isso começa com a empatia – *sentindo* as alegrias e as tristezas, os sucessos e os fracassos dos nossos entes queridos, de conhecidos e até mesmo de estranhos. Esse é o solo fértil do qual a semente da compaixão brota. Mas empatia e compaixão não são a mesma coisa. A compaixão não é simplesmente sentir pena de alguém. Ela vai além da empatia; é uma aspiração sincera: "Que você possa se livrar do sofrimento e de suas causas. Como posso ajudá-lo?"

Meditação sobre a compaixão

Estabeleça o corpo em seu estado de repouso, como descrevemos anteriormente, acalmando sua mente por alguns instantes por meio da atenção plena à respiração. Inicie esta sessão cultivando a compaixão por você mesmo. Há quanto tempo você vem lutando para se livrar da ansiedade e da insatisfação? Que tendências de sua própria mente e de seu comportamento têm repetidamente atrapalhado seu caminho? Este não é um momento para autojulgamento, desânimo ou apatia. É um momento de reavaliação. Como podemos nos livrar das causas *internas* do sofrimento, considerando que temos pouco controle sobre as circunstâncias *externas*? Deixe que surja a seguinte aspiração: "Que eu possa me livrar das verdadeiras causas das preocupações e da tristeza". Visualize sua mente livre de anseios sem sentido, livre da hostilidade e livre da confusão. Imagine a serenidade e a alegria de uma mente equilibrada, em perfeita sintonia com a realidade.

Agora dirija sua atenção para um ente querido que esteja sofrendo com alguma aflição física ou psicológica. O próprio termo *atenção* está relacionado ao verbo "cuidar", bem como "tomar conta de alguém" e "zelar por alguém". Quando você presta total atenção a alguém, se oferece a essa pessoa. Este é o presente mais íntimo: dar atenção a alguém com um coração amoroso e compassivo. Deixe que essa pessoa preencha seu coração e sua mente. Observe a experiência dessa pessoa, e se você souber quais são as causas de sua dor ou sofrimento, esteja presente com essas causas. Imagine-se vendo o mundo a partir da perspectiva dela, experienciando suas dificuldades. Depois retorne à sua própria perspectiva e deixe que surja a aspiração: "Que você possa se livrar do sofrimento e das causas do sofrimento". Imagine essa pessoa encontrando o alívio e a liberdade que busca para ter uma vida feliz e significativa.

Traga à mente uma outra pessoa, alguém que deseja se livrar do sofrimento, mas que, por estar deludida, acaba causando sofrimento a si mesma e aos outros. Novamente, imagine-se vendo o mundo a partir da perspectiva dela e experienciando suas dificuldades. Em seguida, retome a sua própria perspectiva e, com a compreensão das consequências do comportamento dessa pessoa, deseje que ela se livre das aflições mentais que estão na raiz do seu comportamento destrutivo. Deixe que surja a seguinte aspiração, com sinceridade: "Que você possa ter uma visão clara do caminho para se libertar do sofrimento", e imagine essa pessoa livre das causas do sofrimento.

Agora permita que sua consciência se expanda e percorra o mundo, dando atenção àqueles que sofrem, seja de fome ou de sede, seja devido à pobreza ou às misérias da guerra, por injustiças sociais ou por desequilíbrios e aflições de suas próprias mentes. Nós todos somos merecedores de compaixão, especialmente quando agimos a partir da delusão, prejudicando a nós mesmos e aos outros. Deixe que seu coração envolva o mundo inteiro com a seguinte aspiração: "Que todos nós possamos nos livrar do sofrimento e de suas verdadeiras causas. Que todos nós possamos ajudar a aliviar a dor uns dos outros"[20].

---

20. Para leituras adicionais sobre compaixão, cf. DAVIDSON, R.J. & HARRINGTON, A. (ed.). *Visions of Compassion*: Western Scientists and Tibetan Buddhists Examine Human Nature. Nova York: Oxford University Press, 2002. • LADNER, L. *The Lost Art of Compassion*: Discovering the Practice of Happiness in the Meeting of Buddhism and Psychology. São Francisco: Harper San Francisco, 2004. • WALLACE, B.A. *Genuine happiness*: Meditation as the Path to Fulfillment. Hoboken, NJ: John Wiley & Sons, 2005, cap. 9.

Estágio 3
Atenção ressurgente

Quando você alcança o terceiro estágio, *atenção ressurgente*, sua atenção permanece fixa em seu objeto meditativo, em cada sessão de prática, durante a maior parte do tempo. A essa altura, você já terá estendido a duração de cada sessão para além dos vinte e quatro minutos iniciais, talvez, ao dobro disso. À medida que a atenção gradativamente se estabiliza, você pode aumentar a duração de cada sessão em incrementos de três minutos. No entanto, dê sempre mais valor à *qualidade* da meditação do que à *quantidade* de tempo gasto em cada sessão. Se você se sentar por longos períodos, mas deixando sua mente se perder em distrações sem notar ou caindo em letargia, não estará apenas perdendo seu tempo, como também estará desenvolvendo maus hábitos, que ficarão cada vez mais difíceis de serem abandonados.

Quando estava no segundo estágio, embora houvesse períodos em que sua atenção permanecia continuamente engajada com o objeto meditativo por até um minuto, você ainda ficava aprisionado pelas distrações durante quase toda a sessão. Quando alcança o terceiro estágio, a estabilidade da atenção já é maior, e você se mantém engajado com o objeto de meditação durante a maior parte do tempo. Ocasionalmente, ainda ocorrem lapsos em que você esquece completamente do objeto da meditação, mas rapidamente os reconhece e corrige essas falhas na continuidade da atenção. Bem antes de alcançar esse estágio você pode ter ocasionalmente uma sessão em que a mente parece permanecer no objeto a maior parte do tempo. Mas não se deixe enganar!

Até mesmo os jogadores de golfe amadores conseguem dar uma tacada de mestre de vez em quando, e isso não significa que estão prontos para um campeonato profissional. O terceiro estágio é alcançado somente quando a mente permanece focada no objeto a maior parte do tempo em praticamente todas as sessões. Para a maioria das pessoas, o principal problema nesta fase da prática ainda é a agitação grosseira, e é com o poder da atenção plena que você atinge esse terceiro estágio.

No entanto, algumas pessoas estão mais predispostas à lassidão desde o começo do treinamento em shamatha, que pode se manifestar de forma grosseira, intermediária e sutil. Por enquanto, nos preocuparemos apenas com a *lassidão grosseira*, que ocorre quando a atenção se desconecta do objeto quase que completamente e afunda em um estado de desorientação. É como quando estamos perdendo o sinal de uma estação de rádio, mesmo sem a interferência de outra estação. O estado de lassidão grosseira pode ser bastante sereno, no qual a mente permanece relativamente calma, sem ser perturbada por pensamentos ou emoções. Mas, segundo os contemplativos tibetanos, passar muitas horas, todos os dias, nesse estágio de letargia não apenas não traz qualquer benefício, como na verdade pode prejudicar a inteligência. A acuidade da sua mente começa a se atrofiar e, em um prazo mais longo, isso pode causar sérios danos. No início dos anos de 1970 conheci um rapaz que decidiu, por conta própria, que o objetivo maior da meditação era parar de pensar, e ele se dedicou, diligentemente, à busca desse objetivo dias a fio. Ao final, ele conseguiu alcançar seu objetivo entrando em um estado totalmente vegetativo, incapaz até mesmo de se alimentar sozinho, e acabou tendo que ser hospitalizado. Esse pode ser considerado um caso extremo de lassidão grosseira!

Ao prosseguir nessa prática, para que possa progredir ao longo dos estágios do desenvolvimento da atenção, é preciso aprimorar a habilidade de monitorar a qualidade da atenção. Enquanto sua atenção está mais intensamente direcionada ao objeto de meditação por meio da *atenção plena*, é necessário o apoio da faculdade de *introspecção*, permitindo que haja um controle de qualidade da atenção, em que você pode perceber rapidamente quando a mente tiver caído em um estado de agitação ou de lassidão. Assim que detectar algum desses desequilíbrios, tome as medidas necessárias para remediá-los. O primeiro antídoto à agitação é relaxar mais profundamente; para combater a lassidão, intensifique a atenção.

Durante os três primeiros estágios, os pensamentos involuntários jorram como uma cascata. Mas, com o tempo, essas correntes de ideação compulsiva irão carregá-lo com cada vez menos frequência. A agitação grosseira diminuirá, embora os pensamentos e as imagens mentais continuem brotando, bem como os sons, os odores e as demais aparências sensoriais. Não tente bloquear essas distrações. Simplesmente solte-as e foque novamente sua atenção no objeto de meditação, da forma mais unidirecional que puder.

Muitas pessoas aparentemente alcançam o segundo estágio fazendo apenas uma ou duas sessões de meditação por dia. Nas sessões em que se concentram mais, elas experienciam períodos de continuidade da atenção, mas essa estabilidade é perdida durante o dia, quando se engajam em outras atividades. A meditação shamatha pode ser muito útil até mesmo em meio a um modo de vida normal, socialmente ativo, em especial quando é associada a outros tipos de práticas espirituais, tais como o cultivo da bondade amorosa e da compaixão. Uma prática completa e integrada é como manter uma dieta saudável. Embora uma dieta adequada possa não necessariamente curar um desequilíbrio ou uma doença, ainda assim é indispensável para manter a vitalidade e a resistência às doenças. Da mesma forma, uma prática meditativa equilibrada em meio a uma vida socialmente engajada fortalece o sistema imune psicológico, e assim você se torna menos vulnerável aos desequilíbrios mentais de qualquer tipo.

Se estiver praticando apenas uma sessão ou duas durante o dia, você pode não avançar além do segundo estágio de atenção. A razão para isso é simples: se estiver equilibrando a atenção durante cerca de uma hora por dia, mas deixando-a fragmentada e distraída durante as outras quinze horas do dia, a coerência da atenção cultivada durante essas breves sessões será totalmente destruída pelas distrações do restante do dia. A realização do estágio de atenção ressurgente requer um comprometimento maior com a prática. Isso implica múltiplas sessões de meditação todos os dias, praticadas em meio a uma vida contemplativa e tranquila, que apoie o cultivo da calma e da serenidade internas. A chave do sucesso é conduzir sua vida entre sessões de uma forma que não o faça perder a base que você já tiver conquistado.

A prática: Atenção plena à respiração com vivacidade

Como sempre, inicie esta sessão de vinte e quatro minutos estabelecendo o corpo em seu estado natural, imbuído das três qualidades de relaxamento, imobilidade e vigilância. Faça três respirações lentas e profundas, desde o abdômen até o tórax. Deixe a consciência permear o corpo, observando as sensações da respiração onde quer que surjam. Deixe então que a respiração flua normalmente e se estabeleça em seu ritmo natural.

Mentalmente, a ênfase inicial na prática de shamatha é no relaxamento, que pode ser induzido observando as sensações da respiração em todo o corpo. A segunda ênfase é na estabilidade da atenção, e para isso pode ser útil observar as sensações da respiração na região do abdômen. Então, tendo estabelecido uma base de relaxamento e estabilidade, passamos a enfatizar o cultivo da vivacidade da atenção. É crucialmente importante que a estabilidade não seja obtida à custa do relaxamento, e que o aumento da vivacidade não corresponda a uma redução da estabilidade. A relação entre essas três qualidades pode ser comparada às raízes, ao tronco e à folhagem de uma árvore. À medida que sua prática se intensifica, as raízes do relaxamento se aprofundam, o tronco da estabilidade fica mais forte e a folhagem da vivacidade atinge mais altura.

Nessa sessão de prática mude a ênfase para a vivacidade. Isto é feito elevando o foco da atenção e dirigindo-o a um objeto mais sutil. Dirija sua atenção às sensações táteis da respiração na entrada das narinas ou logo acima do lábio superior, onde puder sentir a entrada e a saída do ar. Elevar o foco da atenção ajuda a induzir a vivacidade, que pode ser ainda mais aumentada quando se presta atenção a um objeto sutil. Observe as sensações na porta de entrada da respiração, inclusive entre as respirações. Existe um fluxo constante de sensações táteis na região das narinas e do lábio superior, e, portanto, você pode manter a atenção nessa área o mais continuamente possível. Se sua respiração se tornar muito sutil a ponto de não conseguir detectar as sensações da passagem do ar, aquiete a mente e observe mais cuidadosamente. À medida que intensifica a vivacidade da atenção as sensações da respiração se tornarão evidentes novamente.

Perifericamente, você ainda pode perceber outras sensações ao longo do corpo, bem como sons, e assim por diante. Deixe-as como são, sem tentar bloqueá-las, focando a atenção unicamente nas sensações na abertura das narinas.

Conte as respirações se achar útil. Intensifique a introspecção para que possa rapidamente notar, caso surja, qualquer agitação ou lassidão, tomando as medidas necessárias para equilibrar a atenção quando esses problemas ocorrerem. Continue praticando por um período de vinte e quatro minutos e depois encerre a sessão.

Reflexões sobre a prática

O Buda descreveu a prática da atenção plena à respiração com a seguinte analogia:

> Assim como no último mês da estação quente, quando uma massa de poeira e sujeira forma um redemoinho e uma grande nuvem de chuva a dissolve e a paci-

fica imediatamente, da mesma forma a concentração da atenção plena à respiração, quando desenvolvida e cultivada, é pacífica e sublime, um repouso ambrosíaco, e ela dispersa e pacifica imediatamente os estados não virtuosos onde quer que eles surjam[21].

Essa analogia se refere ao efeito de cura da atenção equilibrada. Quando a consciência repousa em um objeto neutro como a respiração, todos os pensamentos aflitivos desaparecem imediatamente, tornando a mente pacífica, sublime e feliz. Essas qualidades não surgem do objeto de meditação – a respiração –, mas sim da natureza da mente em estado de equilíbrio. Essa abordagem para a cura da mente é semelhante à cura do corpo físico. O Buda sugeriu, em sua analogia sobre a grande nuvem de chuva, que a mente, assim como o corpo, tem um poder inato de se curar. Quando observamos com clareza um objeto neutro e sustentamos a atenção, sem apego e nem aversão, permitimos que a mente comece a se curar.

Pelo fato de a agitação grosseira ainda ser o problema predominante durante o terceiro estágio do desenvolvimento da atenção, ainda pode ser útil continuar contando as respirações. Alguns professores Theravada, seguindo os ensinamentos de Buddhaghosa, estudioso do século V, oferecem dois métodos de "contagem rápida". Na primeira dessas técnicas conta-se de um a dez, a cada respiração completa. Na segunda, com cada ciclo completo de respiração, conta-se "um, dois, três, quatro, cinco; um, dois, três, quatro, cinco, seis; um dois, três, quatro, cinco, seis, sete; ...oito; ...nove; ...dez"[22]. Asanga, por outro lado, sugeriu contar as respirações de trás para frente, de dez

---

21. *Saṃyutta Nikāya* V, p. 321-322. • BODHI, B. (trad.). *The Connected Discourses of the Buddha*. Vol. II. Boston: Wisdom, 2000, p. 1.774 [Trad. de Bhikkhu Bodhi] [Discretamente alterada por Alan Wallace].

22. VAJIRAÑĀṆA, P. *Buddhist Meditation in Theory and Practice*. Op. cit., p. 245-256.

a um. Depois disso, você pode tentar contar duas respirações como um, quatro como um, e assim por diante, diminuindo o ritmo da contagem para incluir uma quantidade cada vez maior de respirações. Seja qual for a forma que escolher para contar as respirações, quando a atenção se estabilizar até que não ocorram mais lapsos de atenção, permanecendo continuamente engajada em cada inspiração e expiração, você pode parar de contar. A muleta temporária serviu ao seu propósito. Asanga comentou, entretanto, que os vários métodos para a contagem da respiração não são igualmente úteis a todas as pessoas. Eles podem ajudar algumas pessoas a neutralizarem a lassidão e a agitação, mas outras pessoas conseguem focar sua atenção eficientemente sem precisar da contagem. Essas pessoas não precisam se preocupar com nenhuma das técnicas descritas acima.

À medida que a mente se acalma, você percebe que a respiração fica mais sutil, fazendo com que as sensações da respiração fiquem mais tênues. Quanto mais você progredir nessa prática, mais sutil se tornará a respiração. Algumas vezes a respiração pode se tornar tão sutil, que nem será possível detectá-la. Isso o desafiará a aumentar a vivacidade da atenção. Em outras palavras, você precisará prestar cada vez mais atenção a essas sensações para conseguir se manter mentalmente engajado na respiração[23]. Existe uma espécie de processo de *biofeedback* em funcionamento. Se a mente se distrair e você for capturado por pensamentos involuntários, sua respiração se tornará mais grosseira, resultando em sensações mais fortes, que são mais fáceis de detectar. Mas à medida que a mente se acalmar novamente, a respiração e as sensações que a acompanham se tornarão mais sutis, desafiando-o novamente a elevar o grau de vivacidade. A atenção plena à respiração tem essa vantagem singular ligada ao *biofeedback*.

---

23. BUDDHAGHOSA. *The Path of Purification*. Kandy: Buddhist Publication Society, 1979, VIII, p. 155 [Trad. de Bhikkhu Ñāṇamoli].

Várias sensações físicas podem ocorrer na meditação. Algumas vezes você pode sentir os braços ou as pernas extremamente pesados ou densos. Algumas vezes pode ter a sensação de que seu corpo está muito maior. Ou pode sentir como se estivesse flutuando ou levitando. Outras sensações como formigamento, vibração ou calor também são comuns. Você pode experienciar uma visão telescópica, vendo seu corpo como se estivesse fora dele, a distância. Principalmente quando meditar muitas horas por dia, você poderá sentir o *prana*, ou energias vitais do corpo, movendo-se e liberando pontos localizados de tensão. Quando você se engaja na atenção plena à respiração, essas energias começam a se equilibrar e a fluir naturalmente. Esse é um processo que leva tempo, e enquanto as energias se redistribuem, seus movimentos produzem várias sensações. Não se preocupe e nem dê muita importância a isso; essas são consequências naturais da prática.

A prática de shamatha resulta em um tipo anômalo de atenção. Normalmente, quando a mente está relaxada, a atenção se afrouxa e quando a atenção se intensifica traz consigo um estado de tensão, um enrijecimento do corpo e da mente. Mas, nessa prática, quanto mais intensa a atenção, mais profundamente a mente relaxa. Existe uma qualidade relativamente livre de ego na prática de shamatha; enquanto outras atividades que requerem um grau elevado de concentração demandam esforço e têm em geral um objetivo específico, shamatha implica fazer quase nada. Você presta atenção às sensações da respiração passivamente, sem nenhum tipo de controle. Seu ego está praticamente fora de cena, enquanto você permite que seu corpo respire por si próprio, mantendo apenas um grau bem sutil de esforço para equilibrar a atenção quando cair em lassidão ou agitação.

À medida que avançar na prática, aumente a duração de cada sessão de meditação e diminua o número de sessões diárias. Busque sempre a qualidade, e não a quantidade.

A continuidade ininterrupta da prática é vital. Imagine começar uma fogueira friccionando dois gravetos; se friccionar os dois gravetos por poucos minutos, descansar um pouco, friccionar por mais alguns minutos, descansar, pode ser que passe anos fazendo isso sem conseguir sequer uma fagulha. Da mesma forma, se a sua intenção é progredir através dos nove estágios, a maneira comprovada de proceder é simplificar radicalmente a vida, retirar-se temporariamente para um local isolado e devotar-se inteiramente a essa prática por períodos mais longos. Não é fácil alcançar a bem-aventurança de shamatha sem abandonar locais muito populosos que, quase sempre, são barulhentos e congestionados. Por outro lado, no campo, em regiões mais selvagens, longe da sociedade, o meditador pode tranquilizar a mente e alcançar a estabilidade meditativa mais facilmente.

Um modo de vida mais atento

O maior desafio neste estágio da prática é adotar um estilo de vida que facilite o cultivo do equilíbrio da atenção, em vez de corroê-lo entre as sessões. Para atingir o terceiro estágio, o meditador dedicado precisará assumir esta prática com seriedade, dedicando-se por dias ou semanas, em meio a uma forma de vida contemplativa e em um ambiente sereno e calmo. Se praticarmos apenas uma sessão ou duas a cada dia, levando uma vida ativa, podemos ocasionalmente sentir que conseguimos alcançar a atenção sustentada do terceiro estágio, mas teremos dificuldades em estabilizá-la. As ocupações do dia nos invadirão, a mente se dispersará e a coerência da atenção obtida durante a meditação provavelmente se perderá.

O mundo moderno nos lembra constantemente que somos "criaturas sociais" e nos dá pouco incentivo ou encorajamento para passarmos longos períodos em isolamento. Muitas pessoas até mesmo pensam que a meditação solitária longa é antissocial, ou é um comportamento associado a desvios mentais, em vez de associá-la a pessoas que se esforçam para alcançar um estado excepcional de equilíbrio mental. A reclusão e o isolamento estão associados, para muitas pessoas, a tédio, solidão, medo e depressão. Não é de se admirar que os sistemas penais do mundo todo utilizem o confinamento solitário para punir prisioneiros indisciplinados! Mas por que as pessoas acham o isolamento e a inatividade angustiantes? Na ausência de distrações ficamos frente a frente com nossa própria mente, e se ela estiver seriamente desequilibrada, sentiremos implacavelmente os sintomas dessas aflições mentais, sem amortecimento, sem distrações e sem ter por onde escapar.

Embora o valor da solidão tenha se perdido, sempre existiram pessoas que propuseram a simplificação do estilo de vida para que pudessem se dedicar à contemplação silenciosa. Henry David Thoreau explicou por que se retirou em solidão às margens do Lago Walden: "Eu fui para a floresta porque desejava viver deliberadamente, enfrentar apenas os fatos essenciais da vida e ver se era capaz de não aprender o que tinham a ensinar, em vez de, ao morrer, descobrir que não havia vivido"[24]. A meditação em isolamento não causa desequilíbrios mentais, mas sim os revela. Podem surgir o tédio, especialmente quando a mente sucumbe à lassidão, e a inquietação que, em geral, acompanha a agitação. Com perseverança, você poderá superar esses desequilíbrios e começar a descobrir o bem-estar que surge de uma mente equilibrada. Mas isso requer coragem para enfrentar seus próprios demônios internos e persistir na prática, apesar da turbulência emocional que provavelmente ocorrerá no decorrer desse treinamento.

Preparando-se para uma expedição

Quando organizo seminários sobre shamatha, gosto de pensar que são "expedições", em vez de "retiros". A palavra "retiro"

---

24. THOREAU, H.D. *Walden*. Nova York: W.W. Norton, 1951, p. 105 [Intr. de Basil Wiley].

tem uma conotação não somente de afastamento, mas também de fuga, e esse certamente não é o espírito da prática. A palavra "expedição", por outro lado, sugere aventura, conquista e exploração. A origem latina da palavra guarda relação com desprender-se, literalmente "sair" de alguma situação na qual a pessoa estava presa. Na prática de shamatha descobrimos o quão profundamente nossas mentes estão aprisionadas entre as trilhas da agitação e da lassidão. Na tradição budista é dito que a mente presa nessas trilhas é disfuncional, e que para torná-la funcional pode ser útil abandonar as atividades normais, buscar uma sensação de espaço e isolamento, explorando as fronteiras da mente.

Essa expedição não requer fé cega e nem submissão a qualquer crença religiosa ou sistema de crença metafísico. Nos últimos três milênios os contemplativos de várias culturas asiáticas, com diferentes sistemas de crenças, seguiram o caminho de shamatha até sua culminância, relatando suas descobertas. Não precisamos aceitar suas afirmações apenas com base na autoridade deles, mas se nos inspirarmos pelos relatos anteriores sobre os benefícios dessa prática, podemos nos aventurar nesse caminho e ver, por nós mesmos, se podemos alcançar os resultados que os exploradores contemplativos alcançaram.

Temos uma grande aventura pela frente, mas também perigos e becos sem saída. Algumas vezes o caminho está claro, mas, de vez em quando, parece que sumiu completamente. Confiar naqueles que conhecem esse caminho, por suas próprias experiências, serve para economizar tempo.

Muitos manuais de budismo tibetano e de budismo indiano[25] apresentam seis pré-requisitos para um treinamento rigoroso e sustentado. Essas são algumas das causas e condições essenciais que produzirão o fruto de shamatha.

---

25. TSONG-KHA-PA. *The Great Treatise on the Stages of the Path to Enlightenment*. Op. cit. Vol. 1, p. 28-30.

1) Um ambiente favorável

É importante praticar em um local seguro, calmo e agradável, de preferência com outras pessoas que compartilhem do mesmo objetivo. Nesse local, alimentos, roupas e outras necessidades devem ser facilmente obtidos. Encontrar um local assim pode parecer simples em princípio, mas, na prática, pode ser bastante difícil, especialmente se você pretender se dedicar à prática por muitos meses.

Descobri isso por experiência própria em 1980. Havia me mudado para uma cabana na Índia para poder me dedicar à meditação solitária. Olhando de fora, tudo parecia ideal. A cabana havia sido construída na encosta de uma montanha rochosa no norte da Índia, tinha vista para o verde Vale de Kangra ao sul e para os picos do Himalaia ao norte.

Era uma bênção viver lá, mas também tinha de lidar com legiões de besouros que invadiam meu saco de dormir todas as noites, e que também entravam pelas minhas roupas para beber meu sangue durante o dia, enquanto estava sentado meditando. Ainda que eu os apanhasse, como um monge budista, jamais poderia matá-los. Todas as madrugadas, por volta das duas horas, acordava com minha pele marcada pelas picadas, que coçavam como mordidas de cem mosquitos. Eu recolhia as criaturas com um recipiente de metal, do qual não conseguiam escapar, e pela manhã eu as colocava na encosta da montanha. Elas, então, subiam de volta e se preparavam para o "jantar" da noite seguinte. Isso aconteceu durante dois meses, até que descobri que poderia mantê-las fora do meu saco de dormir se as colocasse em uma plataforma mais elevada, e pusesse os apoios dessa plataforma em recipientes com água. Apesar de ter conseguido espantar esses invasores, eu ainda tinha que lidar com as pulgas, os mosquitos, os ratos e algumas outras pequenas criaturas que se multiplicavam após a estação das chuvas.

Depois de quatro anos de meditação, dois na Ásia e dois na América do Norte, concluí que – a menos que você seja rico e possa comprar um lugar para meditar em completo silêncio por meses a fio – um ambiente adequado é difícil de encontrar. No entanto, será necessário criar esses locais se as pessoas no mundo moderno desejarem progredir na longa caminhada da prática de shamatha.

2 e 3) Ter poucos desejos e cultivar o contentamento

O primeiro desses dois pré-requisitos se refere a ter poucos desejos por coisas que você *não* tem, e o segundo é estar satisfeito com aquilo que já *tem*. Sem essas duas qualidades sua mente nunca se aquietará na prática. Você ficará constantemente pensando sobre as coisas que gostaria de ter mas não tem, e se sentirá aflito achando que as circunstâncias atuais são inadequadas, por uma razão ou por outra. Isso não significa que você tenha que suprimir os seus desejos pela felicidade, mas é necessário redirecionar suas aspirações à transformação da mente, como um meio de alcançar o bem-estar genuíno. E para que isso aconteça é preciso enxergar as limitações de uma vida orientada pelas buscas mundanas, como riqueza, luxúria, entretenimento e reputação. Todas essas circunstâncias podem proporcionar uma onda temporária de prazer, que terminará assim que os estímulos prazerosos cessarem. O equilíbrio mental é a porta de entrada para encontrar a felicidade genuína, e shamatha é a chave que abre essa porta.

Buda ilustrou este ponto com a história de um elefante que entrou em um lago raso para se refrescar dos efeitos do sol quente de verão[26]. Por ser muito grande, o elefante podia cobrir suas patas e conseguia se refrescar. Então apareceu um gato que, tentando escapar do calor escaldante, pulou no mesmo lago. Mas, ao contrário do elefante, o gato não conseguia ficar de pé no

---

26. *Aṅguttara Nikāya* V, p. 201ss.

lago, tendo apenas duas opções: afundar ou tentar flutuar na superfície do lago. Da mesma forma, aqueles que se acostumaram a poucos desejos e ao contentamento podem encontrar alegria na solidão, enquanto aqueles que não encontraram esse equilíbrio certamente afundarão na lassidão e depressão ou flutuarão na agitação e inquietação.

4) Ter poucas atividades

Enquanto estiver se dedicando ao treinamento de shamatha, é importante manter as outras atividades em um nível mínimo, pois se o seu comportamento entre as sessões de meditação erodir a coerência da atenção que conquistou durante as sessões, você nunca será capaz de avançar. Considerando o ritmo da vida moderna e a ênfase geral em nos mantermos sempre ocupados, pode ser difícil fazer essa mudança para a simplicidade. Nosso trabalho pode funcionar como um tipo de narcótico, encobrindo a inquietação e a turbulência das nossas mentes. E um estilo de vida que alterna muito trabalho com muita diversão pode nos manter constantemente ocupados, sem nunca termos qualquer pista sobre o verdadeiro significado da vida ou o potencial da consciência humana.

5) Disciplina ética

A disciplina ética é a fundação necessária para o equilíbrio da mente, que vai muito além de meramente seguir as regras sociais ou os mandamentos religiosos de uma fonte externa de autoridade. Para vivermos em harmonia com os outros precisamos praticar a ética social, e para vivermos em harmonia com nosso ambiente natural precisamos praticar a ética ambiental. A prática da ética implica evitar prejudicar os outros por meio de nosso comportamento físico, verbal e mental, e nos leva ao florescimento social e ambiental, no qual as comunidades podem viver em harmonia umas com as outras e com o meio ambiente[27].

Um terceiro tipo de disciplina ética é a ética psicofísica. Para promover bem-estar interior, precisamos praticar formas éticas de tratar nossos próprios corpos e mentes. Isso inclui os cuidados que devemos ter com o corpo, seguir uma dieta saudável e praticar os exercícios físicos corretos na quantidade correta. Implica também se engajar em um comportamento mental conducente com o equilíbrio da mente e com a redução de estados mentais perturbadores como ódio, ganância, confusão, medo e inveja.

O apelo da disciplina ética desafia cada um de nós a examinar, cuidadosamente, nosso próprio comportamento, observando as consequências das nossas ações, a curto e a longo prazos. Embora uma determinada atividade possa resultar em prazer imediato, mas, se no decorrer do tempo, gerar inquietação, conflito e angústia, o rótulo de "não virtuosa" está justificado. Por outro lado, embora um comportamento possa implicar dificuldades em curto prazo, podemos considerá-lo "virtuoso" se ao final levar, nós e os outros, ao contentamento, harmonia e felicidade genuína.

As éticas ambiental, social e psicofísica implicam viver de forma conducente ao nosso próprio bem-estar e ao bem-estar dos outros. Um modo de vida ético apoia o cultivo do equilíbrio mental e este, por sua vez, nos permite promover cada vez mais nosso próprio bem-estar e o bem-estar dos outros.

6) Livrar-se de pensamentos compulsivos

Muitos de nós deixamos os pensamentos compulsivos dominar nossas mentes. Isso não termina da noite para o dia. À medida que nos engajamos na prática de shamatha, durante as sessões e também entre elas, é importante observar as atividades

---

27. Este tema é longamente discutido no livro de Sua Santidade o Dalai Lama: *Ethics for the New Millenium*. Nova York: Riverhead, 1999.

da mente e refreá-las quando caírem em padrões de pensamentos que agravam as perturbações mentais. Caso contrário, seremos como o gato que se debate na superfície do lago, nunca livres da turbulência das nossas próprias mentes.

O sábio budista indiano Atisha escreveu sobre a importância desses pré-requisitos[28]:

> Enquanto os pré-requisitos para shamatha estiverem incompletos, a estabilização meditativa não será atingida, ainda que você medite arduamente durante milhares de anos.

Em nossa sociedade materialista, até mesmo nas pessoas orientadas por valores não materiais, existe uma forte tendência de adotar o estilo de vida atual como norma básica, e, então, acrescentar a meditação para consertá-lo, como um Band-Aid® aplicado a um ferimento. Minha primeira experiência com meditação, no início dos anos de 1960, é um bom exemplo disso. Fui consultar um professor que me deu um mantra e me disse como meditar com ele, mas nessas instruções não havia referência alguma sobre como eu deveria conduzir o restante da minha vida. Até mesmo hoje, décadas mais tarde, a meditação é muitas vezes ensinada com pouca ou nenhuma referência aos pré-requisitos acima. Ela tem sido reduzida a uma espécie de primeiros socorros para aliviar os sintomas de uma vida disfuncional, com todas as suas ansiedades, depressão, frustração e hesitação emocional. Para tratar uma mente tomada por inumeráveis aflições mentais, como anseios, hostilidade e desilusão, nós precisamos mais do que de um médico; precisamos de um longo tratamento intensivo. É disso que trata este treinamento.

---

28. SONAM RINCHEN, G.S. (trad. e ed.). *Atisha's Lamp for the Path to Enlightenment*. Vol. 39. Ithaca, NY: Snow Lion, 1997, p. 93. A tradução deste verso publicada neste livro é de autoria de Alan Wallace, ligeiramente diferente daquela contida no texto acima referenciado.

INTERLÚDIO: Alegria empática

Quando se inicia um retiro longo de meditação, primeiramente você pode experienciar uma sensação de alívio por estar longe do seu estilo de vida habitual, com todas as suas demandas e preocupações. Mas, depois que essa fase de "lua de mel" com o retiro chega ao fim, começa o trabalho duro do treinamento da mente. O próprio estilo de vida que se adota durante o retiro pode ser um desafio. Enquanto vivia em sociedade, você podia facilmente desviar sua atenção e se concentrar no trabalho, na diversão, em conversas e em muitas outras formas de se ocupar. Mas no estilo de vida mais contemplativo e livre de ocupações você está afastado das fontes externas de distração, e as reações físicas e mentais a essa situação podem ser intensas.

Estamos viciados em estímulos prazerosos, e quando dedicamos muitas horas ao treinamento diário de shamatha, com poucas distrações entre as sessões, começamos a apresentar sintomas da síndrome de abstinência. A mente oscila entre o tédio e a inquietação, e, algumas vezes, pode cair em depressão e insegurança. Nessas ocasiões, tendemos a nos fixar em ideias e memórias que reforçam esse estado sombrio de melancolia, e por isso é importante sairmos desses redemoinhos emocionais refletindo sobre outros aspectos da realidade que nos inspiram. Uma dessas práticas é o cultivo meditativo da alegria empática.

Na prática da bondade amorosa e da compaixão, cultivamos a aspiração de que as outras pessoas encontrem a felicidade e suas causas, e que se livrem do sofrimento e de suas causas. O cultivo da alegria empática implica a observação cuidadosa de algo que já é uma realidade – as alegrias, os sucessos e as virtudes, suas e dos outros. Empatia é *sentir com os outros*, e nessa prática nos concentramos não em seus pesares e dificuldades, mas em suas alegrias e êxitos. Essa prática é um antídoto direto contra os sentimentos de depressão, ansiedade e desexpectativa que podem surgir no decorrer da prática de meditação intensiva e prolongada, ou simplesmente no nosso cotidiano.

Meditação sobre a alegria empática

Encontre uma posição confortável, mantendo a espinha ereta. Acomode seu corpo em um estado de repouso, imbuído com as três qualidades: relaxamento, imobilidade e vigilância. Traga à mente uma pessoa que você conheça muito bem e que emane bem-estar e alegria. Pense na presença física dessa pessoa, nas suas palavras e ações. Enquanto mantém a alegria dessa pessoa em mente, abra seu coração a essa alegria e desfrute dessa sensação. Isso será fácil se você já for próximo dessa pessoa.

Agora traga uma outra pessoa à sua mente. Pense em alguém a quem tenha acontecido alguma coisa maravilhosa, recentemente ou no passado. Relembre a alegria dessa pessoa e compartilhe de sua alegria.

Agora, dirija sua atenção a alguém que o inspira com suas virtudes, tais como generosidade, bondade e sabedoria. Regozije-se nessas virtudes, no benefício que trazem a essa pessoa, a você e aos outros.

Agora, dirija sua atenção à sua própria vida. A alegria empática por suas próprias virtudes é muito importante, e ainda assim é muitas vezes ignorada. Concentre-se nos períodos de sua vida que foram fonte de inspiração para você e talvez para os outros também. Pense nas ocasiões em que você corporificou seus próprios ideais. Traga-as à mente e desfrute de suas próprias virtudes. Não precisa ser algo pretensioso e nem despertar orgulho ou arrogância. Enquanto se recorda das pessoas e circunstâncias que permitiram que tivesse uma vida boa e apreciasse os doces frutos dos seus esforços, pode ser que sinta simultaneamente uma profunda gratidão e alegria. Isso evita que brote um sentimento superficial de autocongratulação e superioridade.

Algumas práticas são difíceis, mas a prática da alegria empática é fácil. Durante o dia, quando vir ou ouvir sobre as virtudes ou a boa sorte de alguém, alegre-se com empatia também. Isso elevará seu próprio ânimo e o ajudará a se livrar dos redemoinhos emocionais da depressão e da baixa autoestima.

Estágio 4
Atenção constante

Mantendo a continuidade deste treinamento em retiro você finalmente atingirá o quarto dos nove estágios do desenvolvimento da atenção, chamado de *atenção constante*. Nesta fase, pelo poder da atenção plena intensificada, o objeto escolhido – as sensações táteis da respiração nas narinas – não é mais completamente esquecido. Pode ser que você tenha tido vislumbres deste nível de estabilidade da atenção, intermitentemente, antes de ter, de fato, alcançado este estágio, mas agora este estado se torna normal. Cada uma das suas sessões poderá agora durar uma hora ou mais, e durante esse tempo sua atenção não se desviará involuntariamente do objeto de meditação. Agora você está livre da agitação primária. É como se a atenção sofresse uma certa ação da gravidade e não pudesse mais ser facilmente golpeada por rajadas de pensamentos involuntários e distrações sensoriais.

Neste estágio, podemos dizer que você alcançou o *poder da atenção plena*[29]. Nas tradições Mahayana indiana e tibetana, a atenção plena é definida como sendo a faculdade mental de sustentar a atenção, sem esquecimentos ou distrações, em um objeto conhecido. Visto que a atenção plena evita que a atenção se desvie do objeto escolhido, ela também age como a base para a atenção unifocada, conhecida como samadhi[30]. Asanga de-

---

29. TSONG-KHA-PA. *The Great Treatise on the Stages of the Path to Enlightenment.* Op. cit. Vol. 3, p. 76. • WALLACE, B.A. *Balancing the Mind*: a Tibetan Approach to Refining Attention. Ithaca, NY: Snow Lion, 2005, p. 192.

30. RABTEN, G. *The Mind and Its Functions.* Op. cit., p. 62.

fine a atenção plena como o "não esquecimento da mente com respeito a um objeto conhecido, tendo a função de evitar a distração"[31]. Da mesma forma, seu irmão, Vasubandhu, a definiu como não perder o objeto da mente[32].

Nos últimos anos, um número crescente de psicólogos tem conduzido pesquisas sobre a atenção plena e sua relevância para a redução do estresse, depressão e para o alívio de muitos outros problemas físicos e mentais. Mas eles a caracterizaram de maneira muito diferente da que foi descrita acima. De acordo com a publicação de um psicólogo sobre esse tópico, a atenção plena é "um tipo de consciência centrada no presente, livre de julgamentos e não elaborada, na qual cada pensamento, sentimento ou sensação que surgem no campo de atenção são reconhecidos e aceitos tais como são"[33]. Os autores desse artigo propõem um modelo de dois componentes da atenção plena; o primeiro envolve a autorregulação da atenção para que seja mantida na experiência imediata, e o segundo envolve uma orientação que é caracterizada pela curiosidade, sinceridade e aceitação.

A descrição de atenção plena na psicologia moderna, que é explicitamente baseada na descrição da atenção plena apresentada na tradição moderna do Vipassana (*insight* contemplativo) do budismo Theravada, difere de maneira significativa da versão do budismo indo-tibetano. A abordagem moderna do Vipassana considera a atenção plena como sendo "percepção pura", momento a momento, não discriminativa; a tradição indo-tibetana, entretanto, caracteriza a atenção plena como a manutenção do

---

31. WALLACE, B.A. *Balancing the Mind*. Op. cit., p. 157.

32. VASUBANDHU. *Abhidharmkośa*, 34.

33. BISHOP, S.R. et al. "Mindfulness: a Proposed Operation Definition". *Clinical Psychology*: Science And Practice, vol. 11, n. 3, 2004, p. 232.

objeto de atenção em mente, o estado do não esquecimento, da não distração e da não divagação[34].

O acadêmico e professor Bhante Gunaratana dá uma descrição clara da visão do Vipassana da atenção plena em seu livro *Mindfulness in Plain English* (Atenção plena em linguagem simples). Nesse livro ele descreve a atenção plena como uma consciência não conceitual, ou "atenção direta", que não categoriza e nem rotula experiências. "A atenção plena", ele diz, "é uma consciência no momento presente... Está sempre no presente... Se você se recorda do seu professor da segunda série, isso é memória. Mas quando você, então, percebe que está se recordando do professor da segunda série, isso é atenção plena"[35].

Embora a descrição de Gunaratana represente a atual tradição do Vipassana como um todo, ela está estranhamente em divergência da descrição de atenção plena do próprio Buda, ou *sati*: "E o que é, monges, a faculdade de *sati*? Aqui, monges, o nobre discípulo tem *sati*, ele é dotado com *sati* e intelecto perfeitos, ele é aquele que se recorda daquilo que foi feito e dito, muito tempo atrás"[36]. Em contraste à insistência da tradição Vipassana de que a atenção plena está para sempre no presente, Buda afirmava recordar de eventos que já aconteceram há muito tempo. De fato, sabe-se bem que o significado principal do termo pali *sati* é "recordação" ou "memória", que é uma faculdade conceitual com a qual podemos nos recordar de eventos passados. Além dessa conotação de "memória retrospectiva", *sati* também se refere à "memória prospectiva", que nos permite recordar de

---

34. COX, C. "Mindfulness and Memory: the Scope of Smrti from Early Buddhism to the Sarvāstivādin Abhidharma". *In the Mirror of Memory*: Reflections on Mindfulness and Remembrance in Indian and Tibetan Buddhism. Albânia: State University of New York, 1992, p. 67-107 [Trad. de Janet Gyatso].

35. GUNARATANA, H. *Mindfulness in Plain English*. Boston: Wisdom, 1991, p. 152.

36. *Saṃyutta Nikāya* V, p. 197-198.

coisas no presente e no futuro, e isso exige que a mente se engaje totalmente em conceitos.

A *Milindapanha* é possivelmente a tentativa mais remota na literatura budista de expressar plenamente o significado de *sati*. Questionado pelo Rei Milinda sobre as características de *sati*, o Monge Nagasena respondeu que *sati* tem a característica de "trazer à mente" e também a característica de "tomar conta". Ele explica em detalhes:

> *Sati*, quando surge, traz à mente tendências virtuosas e não virtuosas, com falhas e livres de falhas, inferiores e refinadas, sombrias e puras, junto com seus opostos... *Sati*, quando surge, segue o caminho das tendências benéficas e não benéficas: essas tendências são benéficas, essas não são benéficas; essas tendências são úteis, essas inúteis[37].

Portanto, em vez de evitar a rotulação ou a categorização de experiências, livre de julgamentos, nas descrições mais antigas e mais reconhecidas, *sati* faz distinção entre tendências virtuosas e não virtuosas, benéficas e não benéficas. O contraste entre as descrições antigas e modernas é surpreendente.

Com sua usual meticulosidade, Buddhaghosa, o comentarista mais reconhecido da tradição Theravada, escreveu:

> A característica de "sati" é não flutuar; sua propriedade é não perder; sua manifestação é guardar ou é o estado de estar frente a frente com um objeto; sua base é notar nitidamente ou são as quatro aplicações da atenção plena ao corpo, e assim por diante. Deve ser vista como um poste, devido ao seu estado de estar firmado no objeto, como um guardião, pois protege a entrada do olho, e assim por diante[38].

---

37. *Milindapañha* 37-38. Cf. GETHIN, R.M.L. *The Buddhist Path to Awakening*. Oxford: Oneworld, 2001, p. 36-44.

38. BUDDHAGHOSA. *The Path of Purification*. Op. cit., XIV, p. 141.

A descrição e a prática moderna da atenção plena são certamente valiosas, de acordo com a própria experiência de milhares de pessoas. Mas isso não descarta o fato de que o entendimento moderno se desvia de maneira significativa da descrição de *sati* do próprio Buda e de seus comentadores mais reconhecidos nas tradições Theravada e Mahayana indiana.

A atenção plena é *cultivada* na prática de shamatha, e é *aplicada* na prática do *insight* contemplativo (em pali: *vipassana*; e em sânscrito: *vipashyana*). Isso é claramente ilustrado na mais fundamental de todas as explicações do Buda sobre a prática do *insight* contemplativo, como por exemplo, seu discurso sobre as quatro aplicações da atenção plena[39]. Nessa matriz de práticas de *insight*, a atenção plena discriminativa é direcionada ao corpo, aos sentimentos, aos estados e processos mentais, e aos fenômenos de um modo geral. Aqui o Buda guia o praticante através de uma investigação minuciosa da origem, presença, eficácia causal e dissolução de cada um desses domínios da experiência. Isso constitui uma rigorosa ciência contemplativa da mente e de sua relação com o corpo e o ambiente. Portanto, podemos dizer que essa disciplina é bem mais do que apenas a atenção direta, como foi plenamente esclarecido no competente comentário de Buddhagosa sobre este assunto[40].

Como já foi mencionado anteriormente, no quarto estágio da prática de shamatha você alcançou o poder da atenção plena; portanto, a prática se firma. Apesar de sua atenção não estar mais sujeita à agitação grosseira, ela ainda é perturbada por um grau médio de agitação e pela lassidão grosseira.

Quando a agitação média ocorre, você não perde completamente seu objeto de atenção, mas os pensamentos involuntários ocupam o centro da atenção e o objeto meditativo é deslocado

---

39. *Satipaṭṭhāna Sutta*.

40. THERA, S. *The Way of Mindfulness*: the Satipaṭṭhāna Sutta and Commentary. Kandy, Sri Lanka: Buddhist Publication Society, 1975.

para a periferia. Para compararmos com a agitação primária, vamos usar novamente a analogia de sintonizar uma estação de rádio. A agitação primária é como perder completamente o sinal da estação, quando o sintonizador salta para uma outra estação ou quando capta apenas a estática. A agitação média é como passar levemente para outra estação, mas não a ponto de não conseguir mais ouvir aquilo que está sendo transmitido pela estação escolhida. Você ainda ouve, mas com muita interferência.

Atingir o quarto estágio traz uma sensação de realização. Você é agora um *trainee* de shamatha experiente, não é mais um iniciante. Se você ainda não tiver uma boa compreensão conceitual de todo o caminho de shamatha, poderá até achar que já alcançou sua culminância. Isso poderá gerar facilmente um certo grau de complacência em relação à sua prática meditativa, que traz consigo seus próprios riscos.

A prática: Atenção plena à respiração com o sinal adquirido

Depois de estabelecer o corpo e a respiração em seus estados naturais, continue focando a atenção nas sensações puras da respiração na entrada das narinas. Nesse estágio da prática sua respiração estará bem calma e as sensações táteis da respiração serão consequentemente bem sutis. Elas podem se tornar muito sutis, a ponto de não conseguir detectá-las. Quando isso acontecer, é importante não assumir que não há sensações a serem percebidas e nem tente respirar deliberadamente com mais vigor tentando recuperar as sensações. Em vez disso, observe mais e mais atentamente até que possa detectar as sensações mais sutis da respiração.

Como discutimos anteriormente, essa é uma qualidade ímpar da respiração, como um objeto de meditação. Em outros métodos de desenvolvimento de shamatha, o objeto fica mais e mais evidente à medida que você progride na prática. Porém, com a técnica da atenção plena à respiração, à medida que sua prática se aprofunda, a respiração fica mais e mais sutil, desafiando-o a intensificar cada vez mais a vivacidade da atenção. Portanto, aceite esse desafio de cultivar simultaneamente um relaxamento mais profundo, uma estabilidade mais firme e uma vivacidade mais intensa.

Permita que sua respiração, representando o elemento "ar", de leveza e movimento, traga a cura, o equilíbrio e uma tranquilidade cada vez mais profunda. As imagens mentais habituais que surgem involuntariamente ficarão sobrepostas às suas impressões sensoriais, incluindo as sensações táteis. Nessa prática você é como um químico que separa as impurezas sobrepostas do fluxo puro de sensações táteis da respiração. À medida que as sobreposições são liberadas, a sensação de seu corpo ter limites físicos definidos desaparece e você entra em níveis cada vez mais profundos de tranquilidade.

Nas fases da atenção plena à respiração que vimos até agora, você tem focado a atenção, de várias maneiras, nas sensações táteis da respiração. No entanto, para prosseguir no caminho de shamatha você precisará, ao final, mudar o foco de sua atenção das sensações táteis da respiração para um "sinal adquirido" (*uggaha-nimitta* em pali), um símbolo do elemento ar que aparece diante do olho da mente à medida que progride na prática de shamatha. Os sinais adquiridos associados com a prática da respiração podem variar de pessoa para pessoa, podendo surgir como uma estrela, um punhado de pedras ou pérolas, um ramo de flores, uma nuvem de fumaça, uma teia de aranha, uma nuvem, uma flor de lótus, uma roda, a lua ou o sol. As várias aparências do sinal adquirido estão relacionadas às disposições mentais de cada meditador. Se você deseja continuar no caminho da atenção plena à respiração – que aqui se transforma explicitamente em "atenção plena *com* a respiração" –, assim que esse sinal surgir mude o foco da sua atenção para ele. Esse será seu objeto de atenção ao longo do restante dos nove estágios que o levarão à shamatha.

Inicialmente, seu sinal surgirá esporadicamente, e, assim, quando ele desaparecer, retorne às sensações prévias da respiração. Mas ao final ele aparecerá mais regularmente e de maneira mais constante, e daí por diante foque sua atenção nesse objeto. À medida que progredir nessa prática, aumente a duração das sessões até um ponto em que ainda seja capaz de manter uma qualidade de atenção relativamente livre de lassidão e agitação.

Reflexões sobre a prática

A fonte mais confiável em que estão descritas as fases mais avançadas da prática de shamatha da atenção plena à respiração, envolvendo o sinal adquirido, é a obra clássica de Buddhaghosa, The Path of Purification (O caminho da purificação)[41]. Embora Buddhaghosa inclua certos tipos de sensações táteis entre os sinais adquiridos associados com a prática da respiração, a tradição Mahayana indo-tibetana enfatiza que os estágios avançados do caminho de shamatha só poderão ser alcançados por meio do foco em um objeto mental, e não em uma impressão sensorial[42]. A razão para isso é que o desenvolvimento de shamatha implica o cultivo de um grau excepcionalmente alto de vivacidade da atenção. Quando focamos um objeto de qualquer sentido físico, certamente poderemos desenvolver estabilidade, mas o potencial máximo da vivacidade não será desenvolvido. Para isso será necessário um objeto mental. Na tradição budista comumente é salientado que shamatha é alcançada com a consciência mental, não com a consciência sensorial.

A prática da atenção plena à respiração tem suas raízes nos ensinamentos do Buda, escritos em pali e mais tarde comentados por acadêmicos e contemplativos Theravada; os discursos atribuídos ao Buda, na tradição Mahayana, também enfatizam

---

41. BUDDHAGHOSA. *The Path of Purification*. Op. cit., VIII, p. 145-246.
42. WALLACE, B.A. *Balancing the Mind*. Op. cit., p. 150.

esse caminho para desenvolver o equilíbrio da atenção. Em *The Perfection of Wisdom Sutra in Ten Thousand Stanzas* (O sutra da perfeição da sabedoria em dez mil versos), por exemplo, o Buda descreve a atenção plena à respiração ao seu discípulo Shariputra, usando a analogia de um oleiro trabalhando em seu torno.

> Shariputra, considere a analogia de um oleiro ou um aprendiz de oleiro girando o torno com os pés: se faz um giro lento ele sabe que é lento; se fizer um giro rápido ele sabe que é rápido. Da mesma forma, Shariputra, um bodisatva, um ser grandioso, inspira plenamente atento e expira plenamente atento. Se a inspiração for longa ele sabe que é longa; se a expiração for longa ele sabe que é longa. Se a inspiração for curta ele sabe que é curta; se a expiração for curta ele sabe que é curta. Portanto, Shariputra, um bodisatva, um ser grandioso, vivendo com introspecção e atenção plena, elimina a avareza e o desapontamento em relação ao mundo por meio da não objetificação; e ele vive observando o corpo como o corpo internamente[43].

Essa é uma passagem maravilhosamente rica, que justifica um comentário mais detalhado, mas por enquanto oferecerei apenas algumas observações. *Introspecção* é uma faculdade mental que tem a função de monitorar o estado do corpo e da mente do praticante. Através dessa faculdade notamos quando a mente sucumbe à lassidão ou à agitação, e assim que percebemos isso é imperativo que façamos tudo que for necessário para superar esses desequilíbrios. A atenção plena e a introspecção caminham lado a lado, como foi descrito na passagem acima e em inúmeros outros tratados de meditação budista. Apesar de a tradição moderna do Vipassana enfatizar que, na prática da atenção plena, devemos aceitar nossas faltas sem nenhuma tentativa de mudá-

---

43. CHAGMÉ, K. *A Spacious path to Freedom*: Practical Instructions on the Union of Mahamudra and Atiyoga. Ithaca, NY: Snow Lion, 1998, p. 77.

-las[44], esse conselho é um desvio dos ensinamentos do Buda e dos textos dos grandes mestres do passado. Se você não equilibrar sua atenção quando ela se perder em lassidão ou em agitação, você apenas reforçará esses desequilíbrios, e a qualidade da atenção plena permanecerá comprometida indefinidamente.

O termo *não objetificação,* nessa passagem, refere-se ao fato de não nos apegarmos mais aos objetos e eventos externos como a verdadeira fonte das nossas alegrias ou tristezas. Em vez disso, vemos que esses sentimentos surgem das nossas próprias mentes, e esse *insight* cura a aflição mental da avareza e do desapontamento que surgem quando nossos desejos são obstaculizados.

Conheci um número considerável de budistas tibetanos que tentou atingir shamatha focando uma imagem mental visualizada ou deliberadamente gerada, diferente do sinal adquirido que surge espontaneamente quando a mente está suficientemente focada em seu objeto meditativo. Também tentei seguir essa abordagem quando comecei a praticar shamatha. Muitos de nós – asiáticos e ocidentais – descobrimos que o esforço requerido para gerar e sustentar essa imagem é extenuante. Se o praticante se concentrar em uma imagem deliberadamente visualizada por breves períodos de tempo, pode não sentir qualquer cansaço, mas se isso for feito durante muitas horas, todos os dias, semanas a fio, isso poderá drenar sua energia e levá-lo a um nível excessivamente alto de estresse e tensão. Essa pode ser a razão de o Buda ter declarado que pessoas especialmente propensas à conceituação excessiva deveriam praticar shamatha através do cultivo da atenção plena à respiração. Diferente de muitas outras técnicas, essa prática tranquiliza o corpo e a mente, em vez de tensioná-los com o esforço prolongado. Embora a imagem mental do sinal adquirido de fato surja na prática da atenção plena à respiração, isso acontece espontaneamente, sem causar o cansaço que pode resultar da visualização deliberada.

---

44. GUNARATANA, H. *Mindfulness in Plain English.* Op. cit., p. 166.

Um modo de vida mais atento

Os psicólogos demonstraram que o tempo normalmente necessário para adquirir *expertise* em uma variedade de habilidades sofisticadas é de cinco a dez mil horas de treinamento em uma disciplina de oito horas todos os dias, durante cinquenta semanas por ano. Esse é aproximadamente o grau de compromisso requerido para progredir ao longo de todo o caminho para atingir shamatha. Entre as sessões formais de meditação, é importante manter um alto grau de atenção plena e introspecção durante todo o dia.

De acordo com a psicologia budista, quando detectamos algo através de qualquer um dos nossos seis sentidos – visão, audição, olfato, paladar, tato ou percepção mental – existe um intervalo de tempo muito breve antes que a mente projete conceitos e rótulos na nossa experiência direta. Ser capaz de discernir essa fração de segundo de percepção pura, antes que os conceitos, classificações e respostas emocionais a revistam, requer um alto grau de vivacidade[45]. Esse breve instante é importante, porque é uma oportunidade para se ter uma percepção mais clara da natureza do fenômeno, incluindo um *continuum* sutil de consciência mental do qual todas as formas de percepção sensorial e conceituação emergem.

Uma proeminente escola da psicologia budista afirma que ocorrem cerca de seiscentos momentos de cognição por segundo, e isso está praticamente de acordo com a psicologia moderna. Esses pulsos de cognição ocorrem em um *continuum*, muito parecido com os quadros de imagens em uma fita de filme. Quando examinamos mais de perto, descobrimos que nossa experiência está mudando a cada momento. Nossa situação fundamental é de mudança constante, que é uma condição do corpo, da mente, do meio ambiente e da própria consciência.

---

45. RABTEN, G. *The Mind and Its Functions*. Op. cit., p. 13.

Apesar de termos algo em torno de seiscentas oportunidades a cada segundo para apreendermos algum aspecto da realidade, os contemplativos budistas e os psicólogos modernos concordam que nós normalmente apreendemos as coisas em uma taxa bem mais lenta do que essa. No budismo, os momentos de cognição que não estão conscientemente engajados com coisa alguma são chamados de consciência não discriminativa. As aparências surgem na mente, mas nós não as registramos, e ao final não temos qualquer lembrança de havermos testemunhado algo. Quando ouvimos música atentamente, por exemplo, outras impressões sensoriais, como outros sons, formas, cores e sensações corporais, ainda estão sendo apresentadas à nossa consciência, mas notamos somente uma pequena fração delas. A atenção é altamente seletiva.

A estabilidade da atenção é uma medida da quantidade de impulsos discriminativos de consciência que estão focados no objeto escolhido. Por exemplo, se tivermos cinquenta momentos de cognição discriminativa por segundo, e todos os cinquenta estiverem focados nas sensações táteis da respiração, isso indica um grau relativamente alto de estabilidade. Uma mente distraída, por outro lado, tem uma grande proporção desses momentos discriminativos espalhados pelos campos diferentes da percepção. A estabilidade é *conexão* em relação ao objeto escolhido. Quando relaxamos e a nossa atenção se estabiliza, se a vivacidade aumentar, poderemos experienciar uma *densidade* maior de momentos de consciência discriminativa em cada segundo. O número de momentos discriminativos focados no objeto escolhido poderá aumentar, por exemplo, de cinquenta para cem.

Durante o estado de consciência hipnagógico – um estado de profundo relaxamento que ocorre enquanto adormecemos, em que nossas mentes se recolhem dos sentidos físicos – pode haver um alto grau de vivacidade. Suponho que a vivacidade excepcional dessa fase de transição da consciência e de alguns sonhos se deva parcialmente ao fato de a mente estar relaxada e desconectada dos sentidos e, portanto, há pouca competição de outros estímulos. Mas os sonhos, em geral, não são estáveis, e normalmente nós temos pouco controle sobre eles. É por essa razão que a sequência do treinamento de shamatha começa com o relaxamento, seguido pela estabilização da atenção e, finalmente, a sustentação do relaxamento e da estabilidade, com o aumento gradual da vivacidade.

Muitos meditadores enfatizam a vivacidade em suas práticas porque sabem que isso traz um tipo de "êxtase". Mas a sustentação da vivacidade tem dois pré-requisitos: relaxamento e estabilidade. Se desejar desenvolver uma vivacidade excepcional, primeiro desenvolva o relaxamento; depois desenvolva a estabilidade e, por fim, intensifique a vivacidade. Subjacente a todos esses aspectos da atenção deve existir uma fundação de equanimidade, sem a qual as fortes oscilações emocionais e desequilíbrios da atenção poderão persistir indefinidamente. Um sinal geral de progresso espiritual é a imperturbabilidade diante das vicissitudes da vida, e, para isso, a equanimidade é a chave.

INTERLÚDIO: Equanimidade

O cultivo da equanimidade serve como um antídoto contra as duas principais aflições da mente: o apego e a aversão. O apego inclui o ato de se agarrar à serenidade de shamatha, e a aversão pode surgir por considerar tudo o que o distrai da sua prática, incluindo outras pessoas, como obstáculos ao seu bem-estar. A essência da equanimidade é a imparcialidade. É a equanimidade que permite que o amor, a bondade, a compaixão e a alegria empática se expandam além de qualquer limite. Normalmente, essas qualidades estão misturadas com apego, mas nós conseguimos ir além da aflição mental do apego quando compreendemos que todos os seres sencientes merecem igualmente encontrar a felicidade e a liberação do sofrimento.

No budismo, a noção de um eu imutável, unitário e independente é vista como a causa-raiz do sofrimento. O apego a esse ego autônomo e ilusório leva à convicção de que o nosso bem-estar é mais importante do que o dos outros. Normalmente vivemos no centro de um conjunto de anéis concêntricos de afetos. Partindo do centro, o primeiro anel inclui nossos entes queridos e alguns amigos mais próximos; o seguinte é nosso círculo de conhecidos. O anel seguinte, maior e um pouco mais afastado do centro, inclui aquelas pessoas às quais somos indiferentes. O anel mais distante de todos inclui pessoas que consideramos inimigas, pessoas que acreditamos já estar obstruindo ou que poderiam obstruir nossos desejos pela felicidade. Essa forma de priorizar nossos sentimentos para com os outros perpetua o autocentramento. A equanimidade nos leva a superar esse autocentramento, apegos e aversões resultantes.

Os eventos na vida diária podem nos dar, algumas vezes, lampejos de equanimidade. Um evento em especial do qual me recordo bem ocorreu quando comecei a lecionar na Universidade da Califórnia, em Santa Bárbara, e fui convidado a dar uma palestra na cerimônia de formatura dos alunos. Essa formatura alternativa é uma tradição que se iniciou nos anos de 1960, quando um pequeno grupo de alunos da UCSB organizou uma cerimônia contracultural, na qual cada aluno era elogiado por um amigo, irmão, irmã ou outro parente antes de receber seu diploma. A cerimônia parecia não ter fim – cada formando era um filho exemplar, o melhor surfista do mundo, o ativista mais dedicado, o amigo mais confiável ou a pessoa mais querida. Vendo a impressão que cada pessoa causava nos outros, percebi que aqueles graduandos eram estranhos a mim apenas por causa das circunstâncias. Com uma pequena mudança nas circunstâncias, cada um deles poderia ter sido muito próximo a mim. Isso é válido para todas as pessoas no mundo. Com uma pequena mudança, um pequeno ajuste, todas as pessoas que parecem estranhas a nós – com suas expectativas, medos e desejos – poderiam ser nossos melhores amigos.

Quando me mudei para aquela cabana de meditação nas montanhas acima de Dharamsala, fui visitar Gen Jhampa Wangdü, um praticante tibetano em retiro. Na primavera de 1959, pouco depois da invasão do Tibete pelos comunistas chineses, Jhampa Wangdü abandonou sua terra natal e recomeçou a vida como iogue na Índia. O dia em que o visitei em sua casa me causou uma forte impressão. Ele não estava em completo isolamento; portanto, eu sabia que não o incomodaria se o visitasse por volta do meio-dia. Bati à sua porta. Um homem de estatura baixa, um pouco parecido com o personagem Yoda do filme *Guerra nas estrelas*, abriu a porta; sua face estava radiante, com um enorme e caloroso sorriso, como se eu fosse um filho desaparecido que finalmente estava voltando para casa. Ele irradiava felicidade e bondade. Convidou-me para entrar e me ofereceu chá. Em outras circunstâncias, eu teria me sentido uma pessoa especial, ou acharia que ele havia gostado muito de mim. A compaixão e o carinho de Jhampa Wangdü eram genuínos, mas ficou óbvio para mim que sua afeição era completamente livre de qualquer apego pessoal. Eu imagino que qualquer outra pessoa teria sido recebida da mesma maneira. Mas compreender isso não tornou a recepção menos agradável. Foi uma experiência de amor incondicional, a chave para a felicidade em qualquer circunstância. É assim que os contemplativos reclusos mantêm sua conexão com as outras pessoas, apesar do isolamento e das dificuldades de suas vidas.

Os contemplativos experientes também são incrivelmente livres de qualquer impaciência. Eles estão livres daquela atitude de "Já chegamos?" A meditação é sua forma de vida. Eles podem meditar doze horas seguidas, todos os dias... até atingirem a iluminação. Essa é a rotina diária deles. Eles não estão esperando pelo sucesso, checando ansiosamente o calendário, esperando por resultados rápidos. O verbo tibetano *drupa*, comumente traduzido como "praticar", também significa "realizar". Quando perguntado: "O que você está fazendo?", o contemplativo responderia: "Estou praticando/realizando shamatha". A prática e a realização são a mesma coisa, uma coisa só.

Nas circunstâncias em que muitos de nós nos encontramos, com responsabilidades de trabalho e com a família, é importante integrar a sabedoria dos ensinamentos budistas no nosso cotidiano para que, ao longo das nossas vidas, da mesma forma que os contemplativos experientes, estejamos "praticando/realizando". Isso exige que adotemos uma abordagem mais ampla daquilo que a prática espiritual demanda. Não se trata apenas de meditar sobre uma almofada. Caminhar, descansar ou ouvir música podem ser benéficos ao coração, ao corpo e à mente, e com uma motivação altruísta, nossa vida inteira pode ser inundada pela prática espiritual.

Da perspectiva da psicologia moderna, o fato de os contemplativos viverem em solidão durante anos a fio, sem caírem em depressão, apatia ou turbulência mental é espantoso. Os contemplativos são capazes disso porque acessam e sustentam uma fonte interior de serenidade, uma fonte que acalma o corpo e a mente, e assim todas as sensações de impaciência ou expectativa desaparecem. Ao estabelecerem-se profundamente na quietude luminosa da consciência, surge uma fonte interior de genuíno bem-estar que dissipa qualquer sensação de solidão, depressão ou desconforto mental.

Cultivar a equanimidade significa aprender a considerar todas as pessoas com imparcialidade. Ninguém é um estranho. Quando Gen Jhampa Wangdü abriu a porta para mim há mais de trinta anos, seu sorriso caloroso e sua hospitalidade graciosa irradiavam equanimidade. Essa é uma capacidade que todos nós podemos revelar.

Meditação sobre a equanimidade

Após estabelecer o corpo em seu estado natural e focar a atenção na respiração por alguns instantes, traga à mente uma pessoa que você conhece bem, cujo passado e circunstâncias atuais sejam familiares a você, mas que não seja nem amigo e nem inimigo. Concentre-se nessa pessoa. Assim como você, ela também está lutando para ser feliz e para se livrar da dor, do medo e da insegurança. Concentre-se nessa pessoa e procure ver o mundo através dos olhos dela. Desse ponto de vista, olhe para você mesmo. Independente dos defeitos ou das qualidades excelentes que essa pessoa possa ter, seu desejo por felicidade e bem-estar, suas dores e sofrimentos são idênticos aos seus. Apesar de ela não estar próxima do centro do seu universo pessoal, seu bem-estar não é menos significativo do que o de uma pessoa querida, que você consideraria muito importante para a sua felicidade.

Agora, traga à mente uma pessoa que você sinta ser fundamental ao seu bem-estar, uma pessoa por quem tenha afeição e apego. Concentre-se firmemente nesse ser querido e assuma seu ponto de vista, para poder percebê-lo como um ser humano semelhante a você, com seus defeitos e suas excelentes qualidades. Desse ponto de vista, perceba que apesar de ser amado por algumas pessoas, um número muito grande de pessoas sente indiferença em relação a você, e até pode existir pessoas que não gostem de você. Essa pessoa, por quem você sente afeição e apego, tem seus próprios desejos, expectativas e medos. Agora, recue um pouco e observe essa pessoa com a compreensão de que ela não é a verdadeira causa da sua felicidade, segurança ou alegria, pois tudo isso só pode surgir do seu próprio coração e da sua própria mente.

A seguir, traga à mente uma pessoa que possa ter a intenção de prejudicá-lo ou de impedi-lo de alcançar a felicidade, uma pessoa com a qual haja algum conflito. Assim como fez anteriormente, imagine-se adotando a perspectiva dessa pessoa, como se você fosse ela, experienciando suas expectativas e medos. Fundamentalmente, essa pessoa, assim como você, deseja encontrar a felicidade e se livrar do sofrimento. Agora, recue e observe-a com a compreensão de que ela não é a causa das suas angústias e ansiedades. Se estiver se sentindo desconfortável e irritado nesse relacionamento, a fonte está no seu próprio coração, não na outra pessoa.

Perceba que não existe nada que seja inerente ao estranho, ao ente querido e ao inimigo que faça com que essa pessoa se encaixe em uma ou outra categoria. As circunstâncias mudam, os relacionamentos mudam e é o fluxo das circunstâncias que origina a ideia de que "esta pessoa é minha inimiga", ou "esta pessoa é querida". Expanda o campo de consciência para incluir todas as pessoas, suas expectativas, seus medos, suas aspirações e desejos. Cada pessoa é tão importante quanto qualquer outra. As mudanças das circunstâncias nos aproximam e podem fazer com que nos afastemos. Expanda seu campo de consciência incluindo toda a comunidade, em todas as direções, incluindo todos os seres. Reconheça que cada pessoa é fundamentalmente igual a você e que virtualmente todos se sentem como sendo o centro de seus mundos.

Imagine a dimensão pura e profunda da sua própria consciência, livre das obstruções do apego e da aversão autocentrados, como uma esfera de luz branca radiante em seu coração. Com cada expiração, deixe que essa luz se espalhe igualmente em todas as direções, a todas as pessoas com a aspiração: "Que cada um, incluindo a mim mesmo, encontre a felicidade que tanto procura. Que todas as pessoas, incluindo a mim mesmo, sejam livres de qualquer sofrimento e de suas causas". Imagine um intenso fluxo de luz irradiando em todas as direções, aliviando aqueles que sofrem, trazendo a cura, a felicidade e uma completa sensação de bem-estar a todos os seres. Com cada inspiração, remova a angústia, as causas da infelicidade e a dor de cada ser senciente. Imagine esse sofrimento como uma nuvem negra se dissolvendo na luz em seu coração, e imagine todos os seres livres do sofrimento e de suas causas.

Antes de encerrar a sessão, repouse por alguns instantes, sem trazer mais nada à sua mente. Estabeleça sua consciência em sua própria natureza, sem objeto e sem sujeito. Essa é a consciência equânime que é a base fértil para todas as práticas espirituais.

Os estágios intermediários
Estabelecendo a mente em seu estado natural

Estágio 5
Atenção disciplinada

Através da habilidade sustentada de estabelecer a mente em seu estado natural você conseguirá, ao final, alcançar o quinto estágio do treinamento da atenção, chamado de *atenção disciplinada*. Neste estágio, descobrirá que pode sentir prazer em sua prática, mesmo que ainda exista alguma resistência. Você fez um bom progresso nesse caminho, e os resultados dos seus esforços estão se tornando evidentes para você. Os pensamentos involuntários ainda surgem, mas em vez de uma torrente tumultuada semelhante a uma queda d'água, eles agora fluem como um riacho se movendo suavemente por um vale.

À medida que progride do quarto para o quinto estágio do treinamento da atenção, você se depara com um dos maiores desafios de todo o caminho de shamatha. Livre da agitação grosseira, você agora terá que lidar com outro problema que permanecia à espreita, nas sombras da sua mente: a lassidão grosseira. Como foi mencionado anteriormente, o sintoma desse distúrbio é que sua atenção sucumbe ao embotamento, que faz com que sua atenção se perca do objeto meditativo. A palavra tibetana para lassidão tem a conotação de *afundamento*. É como se a atenção, em vez de se sustentar no objeto de meditação, afundasse em reclusão na própria mente. A atenção se dissipa, por assim dizer, mas em vez de desaparecer completamente, ela se dissipa lentamente, caindo em uma espécie de abismo escorregadio que leva à preguiça, letargia e, finalmente, ao sono. Esse é um estado de paz da mente tão pacífico que os mais desavisados podem confundi-lo com o atingimento de shamatha, que literalmente significa quietude, tranquilidade e serenidade. A verdadeira shamatha está imbuída não somente com certo grau de estabilidade bem maior do que aquele alcançado neste estágio de prática da atenção, mas também com uma vivacidade extraordinária que ainda quase nem começou a ser desenvolvida neste estágio do treinamento.

No quinto estágio você é desafiado a superar a lassidão grosseira sem desestabilizar a atenção. Além do problema persistente da agitação média – que surge quando os pensamentos involuntários ocupam o centro da atenção, deslocando o objeto meditativo para a periferia – você tem agora a tarefa de reconhecer e contra-atacar um grau médio de lassidão. Quando esse grau de lassidão está presente, o objeto da meditação ainda surge, porém com muito menos vivacidade. Isso é sutilmente diferente da lassidão grosseira, e você só descobrirá essa distinção através da prática.

O principal desafio agora é superar a lassidão sem comprometer a estabilidade. A maneira de contra-atacar a lassidão é intensificar a atenção, ter um maior interesse pelo objeto da meditação. Os contemplativos tibetanos comparam isso a afinar as cordas de um alaúde. Se estiverem muito esticadas, poderão facilmente se arrebentar quando tocadas, mas se estiverem frouxas demais, o instrumento não produzirá som. Da mesma forma, o objetivo neste ponto da prática é determinar o "tom" exato da atenção. Se você estimular demais a mente no esforço de remediar a lassidão, poderá facilmente produzir agitação, mas se relaxar demais poderá facilmente sucumbir à lassidão. É um equilíbrio delicado, e a única forma de responder a esse desafio é através da sua própria experiência, determinando, por você mesmo, o grau exato de esforço para afinar sua atenção. Os contemplativos budistas têm lidado com esse dilema por milênios e relatam que é necessária uma enorme habilidade para resolvê-lo.

Enquanto os estágios três e quatro são alcançados com o poder da atenção plena, o quinto estágio é alcançado pelo poder da introspecção. O *poder da introspecção* é a faculdade de monitorar a qualidade da sua atenção, e essa habilidade precisa agora ser refinada para que possa detectar graus cada vez mais sutis de lassidão e agitação. O Buda se referiu a essa função da introspecção da seguinte maneira[46]:

> Aqui um monge deveria verificar constantemente sua mente desta forma: "Surge em mim alguma agitação relativa às cinco amarras dos prazeres sensoriais em alguma ocasião?" Se, ao verificar sua mente, o monge concluir: "A agitação relativa às cinco amarras dos prazeres sensoriais surge em mim em certas ocasiões", então ele concluirá: "O desejo e a luxúria das cinco amarras dos prazeres sensoriais ainda não foram abandonados". Dessa forma, ele faz a introspecção disso. Mas se, ao verificar sua mente, este monge concluir: "Nenhuma agitação relativa às cinco amarras dos prazeres sensoriais surge em mim em nenhuma ocasião", então ele concluirá: "O desejo e a luxúria das cinco amarras dos prazeres sensoriais foram abandonados". Dessa forma, ele possui introspecção disso.

Buddhaghosa traçou a seguinte distinção entre a atenção plena e a introspecção: "A atenção plena tem a característica de recordar. Sua função é não esquecer. Ela é manifestada como guardiã. A introspecção tem a característica da não confusão. Sua função é a de investigar. Ela é manifestada como escrutínio"[47]. E seu contemporâneo, Asanga, oferece uma visão notavelmente semelhante: "A atenção plena e a introspecção são ensinadas, pois a primeira impede que a atenção se desvie do objeto meditativo, enquanto que a segunda reconhece que a atenção está se desvian-

---

46. *Majjihima Nikāya* 122, p. 15.
47. BUDDHAGHOSA. *The Path of Purification*. Op. cit., IV, p. 172.

do"[48]. A definição de Śāntideva da introspecção parece refletir ambas as visões: "Em resumo, esta é a definição de introspecção: o exame repetido do estado do próprio corpo e da própria mente"[49]. Em toda literatura budista, o treinamento de shamatha é, muitas vezes, comparado ao treinamento de um elefante selvagem, e os dois instrumentos principais para isso são a "corda" da atenção plena e a "espora" da introspecção.

A psicologia budista classifica a introspecção como uma forma de inteligência (*prajna*), e seu desenvolvimento tem sido um elemento importante da meditação budista há muito tempo. Uma faculdade mental semelhante, comumente chamada de *metacognição*, está atualmente sendo investigada pelos psicólogos modernos. Os pesquisadores cognitivos definiram a metacognição como o conhecimento dos próprios processos e estados cognitivos e afetivos, bem como a habilidade de monitorar e regular esses processos e estados, de forma consciente e deliberada[50]. Essa parece ser uma área especialmente rica para pesquisa colaborativa entre os contemplativos budistas e os cientistas cognitivos.

Essa fase do caminho de shamatha também o leva a uma grande encruzilhada. Você pode continuar na prática da atenção plena à respiração, que é bastante recomendada para superar a agitação. Muitos contemplativos budistas encorajaram os meditadores que estão determinados a alcançar shamatha a continuarem praticando com um único objeto. Mas Padmasambhava, o mestre indiano que foi fundamental na introdução do budismo no Tibete, encorajou o uso de múltiplos métodos para enfren-

---

48. ASAṄGA. *Mahāyānasūtrālaṃkāra*. Paris: Bibliothèque de l'École des Hautes Études, 1907, p. 159 e 190, XIV, 13c-d [Ed. e trad. de Lévi]. Apud WALLACE, B.A. *Balancing the Mind*. Op. cit., p. 189.

49. ŚĀNTIDEVA. *A Guide to the Bodhisattva Way of Life*. Op. cit., V, p. 108.

50. HACKER, D.J. "Definitions and Empirical Foundations". In: HACKER, D.J.; DUNLOSKY, J. & GRAESSER, A.C. (eds.). *Metacognition in Educational Theory and Practice*. Mahwah, NJ: Erlbaum, 1998, p. 1-24.

tar os impedimentos tenazes à realização de shamatha[51]. Existem méritos em ambas as visões. É muito fácil ficar entediado ou insatisfeito com seu objeto meditativo nessa prática e acabar procurando outra técnica mais interessante e mais eficiente. Você pode acabar facilmente seduzido por práticas secretas, altamente esotéricas, pensando que serão mais eficientes do que aquelas às quais está se dedicando. Essa perambulação incessante entre técnicas e objetos de meditação, sempre na busca por um melhor "retorno sobre seu investimento", pode prejudicar a sustentação da prática de shamatha. Ficar experimentando diferentes técnicas continuamente pode impedir que você consiga obter qualquer *expertise* em alguma delas.

Apresentarei agora a opção de avançar para outro método, após haver atingido o quarto estágio por meio da atenção plena à respiração. Esta é a prática de *estabelecer a mente em seu estado natural*, uma técnica que o prepara diretamente para as práticas de Mahamudra e Dzogchen, duas tradições de prática contemplativa que são focadas na realização da natureza da consciência. Na tradição Theravada existe uma prática semelhante, chamada de "atenção plena sem suporte"[52].

Assim, como a atenção plena à respiração, esse método é especialmente apropriado às pessoas cujas mentes são propensas à agitação e à turbulência conceitual, tendo a vantagem extra de fornecer um *insight* profundo sobre a natureza da mente. Düdjom Lingpa, mestre Dzogchen tibetano do final do século XIX e início do XX, comentou que essa prática pode ser a mais apropriada àquelas pessoas muito tensas, com mentes instáveis, que podem encontrar grande dificuldade para praticar as várias

---

51. PADMASAMBHAVA. *Natural Liberation*: Padmasambhava's Teachings on the Six Bardos. Boston: Wisdom, 1998, p. 102 [Trad. e ed. de Gyatrul Rinpoche e Alan Wallace].

52. COX, C. "Mindfulness and Memory: the Scope of Smrti from Early Buddhism to the Sarvāstivādin Abhidharma". Op. cit., p. 71-72.

técnicas de visualização para o desenvolvimento de shamatha[53]. O Primeiro Panchen Lama, professor do Quinto Dalai Lama, se referiu a essa prática como "um método maravilhosamente habilidoso para os novatos aquietarem a mente"[54].

Você *pode* começar sua prática de shamatha com esse método e continuar com ele durante todo o caminho, até atingir shamatha. Você não precisa começar praticando a atenção plena à respiração. No entanto, muitas pessoas acham esse método difícil, por serem constantemente arrastadas por seus pensamentos. Para elas, a atenção plena à respiração parece ser a maneira mais eficiente de progredir através dos primeiros quatro estágios desse caminho.

Embora muitas pessoas pratiquem meditação para atingir "estados alterados de consciência", na perspectiva budista, a forma habitual como nossa mente opera, em que sofremos a influência de desequilíbrios como anseios, ansiedade, estresse e frustração, *já são* estados alterados de consciência. A prática de estabelecer a mente em seu estado natural foi concebida para nos liberar dessas perturbações habituais da consciência, permitindo que a mente se estabeleça gradativamente em seu estado natural. O "estado natural" da mente, de acordo com os contemplativos budistas, é caracterizado por três qualidades: bem-aventurança, luminosidade e não conceitualidade. Creio que essa é uma das descobertas mais notáveis em relação à natureza da consciência, demandando, por isso, uma pesquisa colaborativa entre os cientistas cognitivos e os contemplativos.

Para uma descrição dessa prática vou citar as instruções essenciais dadas pelo mestre Dzogchen do século XIX, Lerab

---

53. LINGPA, D. *The Vajra Essence*: From the Matrix of Primordial Consciousness and Pure Appearances, a Tantra on the Self-Arisen Nature of Existence. Ashland, OR: Mirror of Wisdom, 2004, p. 19 [Trad. de Alan Wallace].

54. GYALTSEN, P.L.C. *Phyag rgya chen po'i rtsa ba*.

Lingpa[55]. Suas instruções são apresentadas aqui, seguidas por meus próprios comentários detalhados.

A prática: Estabelecendo a mente em seu estado natural

O simples ato de ouvir as instruções práticas do seu mentor espiritual e saber como explicá-las aos outros não o liberará de seu fluxo mental, e, portanto, você deve meditar. Mesmo que passe a vida inteira praticando algo que se pareça à meditação – meditando em um estado de letargia, obstruindo a mente com fantasias e interrompendo muitas vezes as sessões de prática por ser incapaz de controlar a dispersão mental –, não surgirão experiências positivas e nem realizações. Assim, é importante, durante cada sessão, meditar de acordo com as instruções orais do seu mentor.

Em isolamento, sente-se ereto em uma almofada confortável. Sustente suavemente a "respiração do vaso", até que as energias vitais convirjam naturalmente. Deixe o olhar sem foco. Com seu corpo e mente internamente relaxados, e sem permitir que o *continuum* da sua consciência se distancie de um estado de limpidez e clareza vívida, sustente-o de forma natural e radiante. Não congestione sua mente com muitos julgamentos críticos; não assuma uma visão limitada sobre a meditação e evite grandes expectativas e medos de sua meditação seguir esse ou aquele rumo. No início, faça muitas sessões diárias, cada uma delas com curta duração, e mantenha bem o foco em cada uma delas. Sempre que meditar, tenha em men-

---

55. Estes são excertos dos comentários de Lerab Lingpa aos ensinamentos Dzogchen, chamados *Heart Essence of Vimalamitra*. Vimalamitra foi um contemporâneo de Padmasambhava, que também adotou o papel seminal de levar o budismo ao Tibete. Lerab Lingpa, inicialmente, deu essas instruções a um grupo composto pelos seus discípulos mais próximos, e um deles, mais tarde, as compilou.

te a seguinte frase: "sem distrações e sem fixações", e coloque isso em prática.

À medida que se familiarizar gradualmente com a meditação, aumente a duração de suas sessões. Se o torpor surgir, desperte sua consciência. Se houver agitação ou dispersão excessivas, relaxe mais. Determine em termos de sua própria experiência o grau mais adequado de estímulo mental, bem como a dieta e o comportamento mais saudáveis.

A constrição aprisionadora excessiva da mente, a perda da clareza devido à lassidão e o relaxamento excessivo, que resulta em sons e movimentos involuntários dos olhos, devem ser evitados. Falar muito sobre assuntos como percepção extrassensorial e sonhos variados, ou alegar "Eu vi uma deidade". "Eu vi um fantasma". "Eu sei isso". "Eu realizei aquilo" etc., trará apenas complicações. A presença ou ausência de qualquer tipo de prazer ou desprazer, tal como a sensação de movimento, não é uniforme, pois existem grandes diferenças nas disposições e faculdades de um indivíduo para outro.

Ao manter a mente em seu estado natural, poderão surgir sensações como bem-estar físico e mental, uma sensação de consciência lúcida, o surgimento de formas vazias e uma sensação não conceitual de que nada poderá causar danos à mente, independentemente de os pensamentos terem cessado ou não. Sejam quais forem os tipos de eventos mentais que ocorrerem – sejam eles agradáveis ou violentos, sutis ou grosseiros, de longa ou de curta duração, suaves ou intensos, bons ou ruins –, observe sua natureza, evitando qualquer avaliação obsessiva sobre eles serem uma coisa ou outra. Faça com que o coração da sua prática seja a consciência em seu estado natural, límpida e vívida.

Agindo como seu próprio mentor, se conseguir levar os pontos essenciais à perfeição, como se estivesse passando um fio por uma agulha, as aflições do seu fluxo mental cessarão, e você conquistará a autonomia de não sucumbir a elas, e sua mente ficará constantemente calma e serena. Essa é uma base sólida para o surgimento de todos os estados de concentração meditativa nos estágios de geração e completude.

Isso é como arar a terra de um campo. Assim, desde o início, evite fazer muitas proclamações grandiosas, exaltadas e sem sentido. Em vez disso, é crucial fazer tudo que puder para refinar sua mente e estabelecer uma fundação para a prática contemplativa[56].

Reflexões sobre a prática

O objeto da atenção plena na prática de estabelecer a mente em seu estado natural não são mais as sensações sutis da respiração na região das narinas, mas sim o *espaço da mente* e quaisquer eventos que surgirem nesse espaço. O objeto da introspecção, como na prática anterior da atenção plena à respiração, é a qualidade da atenção com a qual você está observando a mente.

No início, faça muitas sessões diárias, cada uma delas com curta duração, mantendo bem o foco em todas elas. Sempre que meditar, tenha em mente a seguinte frase: "sem distrações e sem fixações", e coloque isso em prática.

Para se aventurar nessa prática eu encorajaria você a memorizar as seguintes instruções fundamentais: estabeleça sua mente, sem distrações e sem fixações. Praticar "sem distrações" significa não permitir que sua mente seja levada por pensamentos

---

56. LINGPA, L. (Gter ston las rab gling pa). *Lce btsun chen po'i vã ma la'i zab tig gibshad khrid chu 'babs su bkod pa snying po'i bcud dril ye shes thig le.* Ven: Taklung Tsetrul Pema Wangyal, [s.d.], p. 638-640.

e impressões sensoriais. Esteja sempre presente, aqui e agora, e quando surgirem pensamentos sobre o passado ou o futuro, ou ruminações sobre o presente, não seja levado por eles. Enquanto percorre essa trilha que o leva a shamatha, não fique pegando carona em qualquer pensamento ou imagem que passar pela sua mente. Em vez disso, seja como um falcão, pairando quase imóvel nos céus, enfrentando o vento, movendo apenas discretamente suas asas e as penas da cauda para se ajustar às mudanças nas correntes de ar.

Mesmo quando a atenção estiver estabelecida no presente, você ainda poderá se fixar às aparências que surgem à mente. Sempre que preferir um determinado objeto mental a outro, sempre que tentar controlar o conteúdo da sua mente e sempre que se identificar com alguma coisa, a fixação terá ocorrido. Esse é o desafio: estar atento a tudo que surgir na mente, mas não se fixar a nada. Nessa prática, deixe que sua mente seja como o céu. Independentemente do que o atravesse, o céu nunca reage. Não impede nada de se mover através dele, não segura nada que estiver presente e nem controla coisa alguma. O céu não prefere o arco-íris a nuvens, e nem borboletas a aviões a jato. O que quer que surja no campo de sua consciência, sem distrações e sem fixações, deixe apenas ser como for.

Quando estiver estabelecendo a mente em seu estado natural e, ocasionalmente, cair em distração ou fixação, você terá uma experiência semelhante a cair de um estado de consciência prístina (em tibetano: *rigpa*) à mente de fixação dualista. Isso não é algo que ocorreu há muito tempo no Jardim de Éden budista. Acontece sempre que a mente dualista é ativada e perdemos de vista nossa verdadeira natureza. A consciência prístina está sempre presente, mas fica obscurecida quando somos sequestrados pelos objetos que capturam nossa atenção e aos quais respondemos com desejo e aversão.

À medida que se familiarizar gradualmente com a meditação, aumente a duração de suas sessões. Se o torpor surgir, desperte sua consciência. Se houver agitação ou dispersão excessivas, relaxe mais.

Essa é a orientação essencial para remediar a lassidão e a agitação assim que notar esses desequilíbrios por meio da faculdade de introspecção. Se sentir um impulso forte e natural de constringir a mente quando ela ficar agitada, supere esse impulso e relaxe. Deixe a estabilidade da atenção emergir naturalmente da mente relaxada, e não de uma mente vigorosamente constrita. Mas cuidado para não permitir que a mente fique frouxa a ponto de se tornar embotada. Esse é o desafio, já mencionado anteriormente, que é especialmente característico da transição do quarto para o quinto estágio do treinamento da atenção. Com a introspecção já bem-refinada, você detecta rapidamente os desequilíbrios da atenção, podendo, então, tomar as medidas necessárias para restabelecer o equilíbrio.

> O simples ato de ouvir as instruções práticas do seu mentor espiritual e saber como explicá-las aos outros não o liberará de seu fluxo mental e, portanto, você deve meditar. Mesmo que passe a vida inteira praticando algo que se pareça à meditação – meditando em um estado de letargia, obstruindo a mente com fantasias e interrompendo muitas vezes as sessões de prática por ser incapaz de controlar a dispersão mental – não surgirão experiências positivas e nem realizações. Assim, é importante, durante cada sessão, meditar de acordo com as instruções orais do seu mentor.

Apesar de ser possível aprender muita coisa com livros sobre meditação – e isso pode ser suficiente para começar a praticar –, para uma prática prolongada e dedicada não existe substituto para um professor experiente e com bons conhecimentos. Isso também é verdadeiro na formação profissional em ciências cognitivas e em muitas outras áreas; não existem psicólogos e psiquiatras com boa *expertise* totalmente "autodidatas". É possível perder muito tempo em práticas meditativas erradas, havendo também a possibilidade de causar danos à mente. Por isso, é importante encontrar instrutores qualificados e ouvir atentamente suas orientações. Quando perguntaram ao Dalai Lama se era necessário ter um professor para alcançar a iluminação, ele respondeu: "Não, mas pode economizar muito tempo!"

> Em isolamento, sente-se ereto em uma almofada confortável.

Sentar ereto com as pernas cruzadas é, de forma geral, a postura mais adequada para a meditação, e muitos manuais de meditação fornecem instruções detalhadas sobre os pontos específicos dessa postura[57]. Mas Lerab Lingpa também aconselhou que você se sinta confortável enquanto estiver meditando. Portanto, se ficar sentado com as pernas cruzadas por longos períodos for doloroso para você, experimente sentar em uma cadeira ou deitar-se em posição supina. Düdjom Lingpa deu o seguinte conselho[58]:

> Sem se mover, relaxe seu corpo em qualquer posição que seja confortável, como um cadáver inconsciente em um cemitério. Fique em silêncio como um alaúde cujas cordas foram cortadas. Repouse em um estado sem elaborações, como a presença primordial do espaço... Permaneça por um longo tempo nesse descanso. Isso pacifica todos os males causados pela perturbação dos elementos e circunstâncias desfavoráveis, e seu corpo, sua fala e sua mente naturalmente se acalmam.

Lerab Lingpa prossegue:

> Sustente suavemente a "respiração do vaso", até que as energias vitais convirjam naturalmente.

---

57. CHAGMÉ, K. *A Spacious path to Freedom*: Practical Instructions on the Union of Mahamudra and Atiyoga. Ithaca, NY: Snow Lion, 1998, p. 68-72.

58. LINGPA, D. *The Vajra Essence*. Op. cit., p. 287.

A "respiração do vaso" é uma prática de respiração que energiza e estabiliza. Para praticar a "respiração suave do vaso", à medida que inspira, deixe que as sensações da respiração fluam até a parte inferior do abdômen, como se estivesse vertendo água em um vaso. E então, à medida que expira, em vez de deixar que o abdômen se retraia completamente, mantenha-o levemente arredondado, com a barriga solta. Dessa forma você mantém uma certa "barriguinha", que se expande durante a inspiração e se contrai durante a expiração, mas ainda mantendo um certo volume. O objetivo da respiração do vaso é fazer convergir as energias vitais, ou *pranas*, para o canal central em seu abdômen e permitir que elas se estabeleçam nessa região. Isso é algo que você pode detectar na sua própria experiência direta do corpo e do movimento das energias em seu interior. Quando você estabelece a mente em seu estado natural, expandindo o abdômen com essa respiração, os *pranas* começam a convergir naturalmente para o canal central que percorre verticalmente o torso até o topo da cabeça. A maioria das explanações da prática de shamatha não faz qualquer referência à respiração do vaso e, portanto, ela não é indispensável. Mas muitas pessoas acham essa técnica útil para estabilizar a mente e ajustar as energias sutis no corpo.

Deixe o olhar sem foco.

Nesta prática é importante que seus olhos estejam abertos, repousando livremente o olhar no espaço à sua frente. Se você nunca tiver meditado com os olhos abertos, poderá achar desconfortável, mas eu o encorajo a se acostumar com isso. Pisque o quanto quiser e não contraia os olhos de nenhuma forma. Deixe-os o mais relaxados possível, como se estivesse sonhando acordado com os olhos abertos. Deixando os olhos abertos, enquanto foca sua atenção no domínio dos eventos mentais, a barreira artificial entre o "interno" e o "externo" começa a se dissolver. Especialmente em nossa sociedade materialista, nós nos acostumamos à ideia de que os pensamentos e todos os outros eventos mentais estão dentro das nossas cabeças. Porém isso nunca foi demonstrado cientificamente. Tudo que se sabe a esse respeito é que os eventos mentais estão correlacionados a eventos neurais, mas isso não significa necessariamente que estejam localizados no mesmo lugar.

Mesmo sem essa premissa materialista de que a mente nada mais é do que uma função do cérebro, nós temos naturalmente a sensação de que estamos olhando para o mundo lá fora, por detrás dos nossos olhos. Mas essa sensação de haver um sujeito independente, ou um ego, dentro das nossas cabeças é uma ilusão. Não existe nenhuma base científica para essa convicção, e quando esse pensador e observador autônomo dentro das nossas cabeças é inspecionado, por meio de uma investigação contemplativa rigorosa, ele nunca é encontrado. Nessa prática, deixando os olhos abertos, mas dirigindo sua atenção para a mente, essa demarcação conceitualmente sobreposta entre o interior e o exterior começa a se desfazer. Você começa a reconhecer que os pensamentos não estão acontecendo na sua cabeça e nem estão acontecendo lá fora, no espaço. Essa prática desafia a existência de um espaço dos sentidos físicos absolutamente objetivo, completamente separado de um espaço subjetivo da mente. Você está agora no caminho da realização do significado de não dualidade.

> Com seu corpo e mente internamente relaxados, e sem permitir que o *continuum* da sua consciência se distancie de um estado de limpidez e clareza vívida, sustente-o de forma natural e radiante.

No caminho de shamatha, embora seja crucial intensificarmos a estabilidade e a vivacidade da atenção, isso não deve acontecer à custa do relaxamento. Sobre uma base de conforto físico e mental, deixe a estabilidade da atenção se aprofundar e, a partir desta quietude crescente, tome consciência da vivacidade natural da percepção. A *limpidez* da consciência se refere às suas qualidades de transparência e luminosidade. O espaço da mente é límpido como uma piscina de água transparente e luminosamente brilhante. Clareza, limpidez e radiância são qualidades da própria consciência; não são qualidades acrescentadas à consciência pela meditação. Portanto, essa é uma prática de descoberta da quietude e da vivacidade inatas da consciência, não de desenvolvimento dessas qualidades.

> Não congestione sua mente com muitos julgamentos críticos; não assuma uma visão limitada sobre a meditação e evite grandes expectativas e medos de sua meditação seguir este ou aquele rumo.

Um dos conselhos mais úteis que meu mentor espiritual, Gyatrul Rinpoche, me deu está relacionado à expectativa e desejos. Ele me disse que eu estava fazendo minha prática de meditação com muito desejo. "Mas", respondi contestando, "me falaram muitas vezes sobre a importância de desenvolver uma forte motivação para a prática, e isso implica um enorme desejo de ser bem-sucedido. Então, como é possível cultivar uma forte aspiração para praticar com pouco ou nenhum desejo?"

Ele respondeu: "Entre as sessões está bem meditar sobre o valor da prática e intensificar sua motivação para se engajar nela com grande diligência. Mas, durante suas sessões de meditação, abra mão desses desejos. Abandone suas expectativas e seus medos e simplesmente devote-se inteiramente à prática, momento a momento". Especialmente no mundo moderno ocidental, onde tantas pessoas vivem com pressa, buscando soluções rápidas e ganhos de curto prazo, é fácil adotar uma visão limitada sobre a meditação. É um grande erro julgar o valor da meditação exclusivamente com base no bem-estar que sentimos enquanto meditamos. A meditação não é uma droga milagrosa desenvolvida para oferecer alívio temporário em poucos minutos. É o caminho para uma sanidade cada vez maior, e para isso temos de ser pacientes e perseverantes.

> Determine, em termos de sua própria experiência, o grau mais adequado de estímulo mental, bem como a dieta e o comportamento mais saudáveis.

À medida que a prática se torna mais sutil, você precisa descobrir por si mesmo o grau mais adequado de estímulo mental ou de tensão. Os jogadores de *videogame* normalmente experienciam um alto grau de estímulo mental; enquanto dormimos profundamente, todos nós experienciamos o estado oposto, de baixo estímulo mental. Lembrem-se da analogia sobre as cordas de um alaúde: da mesma forma que precisamos encontrar a tensão mais adequada a ser aplicada às cordas, determine o grau mais adequado de estímulo da sua atenção.

Além disso, já que sua mente meditadora tem um corpo, é crucial determinar pela sua própria experiência a dieta e o comportamento mais saudáveis. Faça pequenas refeições, com alimentos nutritivos, adequados à sua constituição física e faça exercícios para manter seu corpo em forma. Caminhar entre as sessões é um bom exercício; exercícios aeróbicos muito vigorosos podem agitar seu sistema nervoso e sua mente, prejudicando sua prática. Experimente por si próprio, e veja qual o tipo de dieta e exercícios mais adequados à sua prática.

> A constrição aprisionadora excessiva da mente, a perda da clareza devido à lassidão e o relaxamento excessivo, que resulta em sons e movimentos involuntários dos olhos, devem ser evitados.

Estabelecer a mente em seu estado natural, assim como todas as práticas de shamatha, é um ato de equilíbrio. Se constringir demasiadamente sua mente, ficará exausto e esgotado. Se deixar a mente muito frouxa, a clareza da atenção desaparecerá, resultando em atividades vocais e físicas involuntárias.

> Falar muito sobre assuntos como percepção extrassensorial e sonhos variados ou alegar: "Eu vi uma deidade. Eu vi um fantasma. Eu sei isso. Eu realizei

aquilo" etc. trará apenas complicações. A presença ou ausência de qualquer tipo de prazer ou desprazer, tal como a sensação de movimento, não é uniforme, pois existem grandes diferenças nas disposições e faculdades de um indivíduo para outro.

No decurso desta prática, poderá surgir uma ampla gama de experiências físicas e mentais. Algumas delas podem ser inspiradoras como, por exemplo, quando sente que alcançou um profundo *insight* místico, enquanto outras podem ser perturbadoras ou simplesmente estranhas. Embora muitos ocidentais adorem comentar sobre suas experiências meditativas com os outros, isto é contrário à prática budista tradicional. Os tibetanos têm um velho ditado: "Se você encher uma cabaça com um pouco de água e sacudi-la, ouvirá muito barulho. Mas se enchê-la até a borda e sacudi-la, não ouvirá som algum". Gerações de contemplativos experientes descobriram que fazer proclamações sobre as realizações espirituais pessoais – ainda que sejam verdadeiras – criam obstáculos à própria prática. Essas são questões privadas e, se quiser discuti-las com alguém, que seja de forma confidencial, com seu próprio mentor espiritual.

> Ao manter a mente em seu estado natural, poderão surgir sensações como bem-estar físico e mental, uma sensação de consciência lúcida, o surgimento de formas vazias e uma sensação não conceitual de que nada poderá causar danos à mente, independentemente de os pensamentos terem cessado ou não.

Quando o corpo e a mente estão em um estado de desequilíbrio, nós nos sentimos desconfortáveis. E isso é bom, pois, caso contrário, não faríamos nada para remediar o problema. No entanto, muitas vezes, em vez de buscarmos uma cura, procuramos uma solução rápida para suprimir os sintomas. O caminho de shamatha nos leva a um equilíbrio mental cada vez maior, que pode se traduzir em um bem-estar físico e mental. À medida que a poeira da mente se assenta, você pode descobrir um grau sem precedentes de lucidez da consciência. Além disso, à medida que o hábito enraizado da fixação conceitual diminui, você pode começar a experienciar os objetos físicos de uma maneira diferente. Normalmente, a mente involuntariamente sobrepõe uma sensação de solidez sobre as percepções que temos dos objetos visuais, apesar de os olhos não serem capazes de detectar essa característica tátil. À medida que a mente conceitual se acalma, você verá mais claramente o que Buda quis dizer quando falou: "No que é visto, há apenas o que é visto". Os objetos visuais são vistos simplesmente como objetos visuais, sem o revestimento das experiências passadas de substancialidade. Os objetos sensoriais assumem uma qualidade de transparência, como meras aparências à mente, ao invés de objetos sólidos "que estão ali fora". Até mesmo seu próprio corpo parece "vazio" de substancialidade. Tudo o que se apresenta à mente é uma matriz de fenômenos sensoriais inter-relacionados, mas essas qualidades não parecem mais pertencer a algo absolutamente objetivo, pois esse senso de dualidade reificada está diminuindo.

Uma outra experiência notável que pode surgir dessa prática é uma sensação não conceitual de que nada pode causar danos à mente, independentemente de os pensamentos haverem ou não cessado. Isso implica que até mesmo quando os conceitos estiverem presentes, sua consciência poderá se manter não conceitual. Como isso é possível? Normalmente, quando os pensamentos surgem, você se fixa a eles, muitas vezes de maneira semiconsciente, e a atenção é direcionada aos referentes dos pensamentos. Por exemplo, se surgir uma imagem mental da sua mãe, você começará a pensar sobre ela. Ou se surgirem memórias de alguém ridicularizando você, o hábito fará com que sua mente volte para aquela situação, reacendendo as emoções que sentiu na ocasião e, dessa forma, as reforça. Mas, nessa prática, você simplesmente observa qualquer pensamento ou imagem mental que surgir, sem distração e sem fixação. Você os observa como eventos mentais no presente de forma não conceitual, sem prestar atenção aos seus referentes, sem atração e sem aversão. Você simplesmente os deixa ser o que são. Dessa forma, você será capaz de manter uma consciência não conceitual dos próprios conceitos.

Como diz o velho ditado: "Paus e pedras podem quebrar seus ossos", mas as aparências que surgem à mente não podem lhe causar dano algum se você não se fixar nelas, não se identificar com elas e, portanto, não dar poder a elas. À medida que você estabelece a mente em seu estado natural – que é profundamente diferente do seu estado habitual dualístico, de distração e fixação –, descobrirá que ela é capaz de curar a si mesma e revelar seus próprios recursos internos de bem-estar. Gyatrul Rinpoche disse: "Quando sua mente está estabelecida em seu estado natural, ainda que surjam milhares de demônios para atacá-lo, eles não conseguirão causar dano algum. E ainda que milhares de budas apareçam em uma visão, você não necessitará de suas bênçãos". Quando sua mente está livre de fixações, ela deixa de ser alvo; ela não pode ser afetada, da mesma forma que o céu não pode ser afetado por um ataque de mísseis. E quando sua mente estiver estabelecida em seu estado natural, você descobrirá, por si mesmo, as qualidades inatas da bem-aventurança, luminosidade e quietude que sempre estiveram presentes.

> Sejam quais forem os tipos de eventos mentais que ocorrerem – sejam eles agradáveis ou violentos, sutis ou grosseiros, de longa ou de curta duração, suaves ou intensos, bons ou ruins –, observe sua natureza e evite qualquer avaliação obsessiva sobre eles serem uma coisa ou outra.

Na prática da atenção plena à respiração você se depara com o desafio de observar cuidadosamente, *sem controlar* as sensações táteis associadas à respiração. Agora você tem um desafio semelhante, de observar cuidadosamente os eventos no espaço da mente, sem regulá-los ou avaliá-los. Há um provérbio tibetano que diz: "Deixe que sua mente seja uma graciosa anfitriã em meio a convidados inconvenientes". Na prática de shamatha da atenção plena à respiração, você solta os pensamentos assim que os detecta e retorna sua atenção à respiração. Mas agora, em vez de *soltar* os pensamentos, você os *deixa ser como são*. Não prefira um tipo de pensamento a outro. Evite todos os tipos de atração ou aversão a qualquer imagem mental. Nem mesmo prefira a ausência de pensamentos à presença deles. Eles não são o problema. Distrair-se e fixar-se aos pensamentos é que são o problema. Identifique essa diferença crucial da prática anterior.

Com a atenção plena à respiração, você mensurou a estabilidade da sua atenção com relação a um objeto contínuo – as sensações da respiração. Mas na prática de estabelecer a mente em seu estado natural, os pensamentos são tudo, menos contínuos. Eles surgem e desaparecem esporadicamente, e, portanto, a estabilidade da atenção não está relacionada a um objeto específico. É uma qualidade da sua consciência subjetiva. Até mesmo quando os pensamentos estão se movendo, por você não estar distraído por eles e nem fixado a eles, sua consciência permanece imóvel. Esse fenômeno é chamado de *fusão da imobilidade com o movimento*.

No decorrer desse treinamento você experienciará períodos em que sua mente parece estar vazia. Os pensamentos e as imagens mentais parecem ter desaparecido. Esse é o momento para aumentar a vivacidade da sua atenção e ver se consegue detectar os eventos mentais sutis que estavam à espreita, sob o limiar da consciência. Essa é uma das razões para mudar para esta técnica após ter alcançado o quarto estágio de treinamento da atenção; assim você será continuamente desafiado a elevar a clareza da atenção, mas sem perder a estabilidade. Observe com bastante atenção, mas continue respirando normalmente. Não permita que a intensidade da atenção impeça o fluxo natural da respiração. E se, mesmo observando bem atentamente, você ainda não conseguir detectar qualquer evento no espaço da consciência mental, simplesmente observe esse espaço vazio. O objeto da meditação nessa prática é o espaço da mente e qualquer evento que surgir nesse espaço. Portanto, você sempre poderá continuar praticando, com ou sem aparências surgindo na mente.

> Faça com que o coração da sua prática seja a consciência em seu estado natural, límpida e vívida. Agindo como seu próprio mentor, se conseguir levar os pontos essenciais à perfeição, como se estivesse passando um fio por uma agulha, as aflições do seu fluxo mental cessarão, e você conquistará a autonomia de não sucumbir a elas, e sua mente ficará constantemente calma e serena. Essa é uma base sólida para o surgimento de todos os estados de concentração meditativa nos estágios de geração e completude.

Embora seja muito útil praticar sob a orientação de um professor qualificado, quando estiver sentado em sua almofada, você precisará ser seu próprio mentor, implementando os ensinamentos passados pelo seu mestre. Esta é uma prática delicada, semelhante a passar um fio pelo buraco de uma agulha, e não um esforço hercúleo como levantar peso. Reconheça que na prática de shamatha, "fazer o seu melhor" não significa "fazer o maior esforço possível". Se agir assim, estará se esforçando demais e acabará se esgotando. Através do cultivo de shamatha com inteligência, perspicácia, paciência e entusiasmo, nenhuma das aflições mentais serão curadas de forma irreversível. Elas ainda surgirão, de tempos em tempos, mas quanto mais avançar na prática, mais essas aflições diminuirão e mais autonomia terá com relação a elas. O resultado é o aumento do equilíbrio emocional e da equanimidade. Seu sistema imune psicológico será fortalecido, e assim, quando ocorrerem eventos que antes eram perturbadores, lidará com eles com mais serenidade. Sua mente permanecerá calma e não será dominada pelas paixões do desejo e da hostilidade. Essa é uma clara indicação de maior sanidade. Os "estágios da geração e da completitude" mencionados acima são as duas fases da prática tântrica budista, e Lerab Lingpa destaca aqui que o sucesso nessa técnica de shamatha oferece uma base sólida para todas essas práticas meditativas avançadas.

> Isto é como arar a terra de um campo. Assim, desde o início, evite fazer muitas proclamações grandiosas, exaltadas e sem sentido. Em vez disso, é crucial fazer tudo que puder para refinar sua mente e estabelecer uma fundação para a prática contemplativa.

Com essas palavras, Lerab Lingpa conclui suas instruções essenciais sobre como estabelecer a mente em seu estado natural. A realização de shamatha através dessa prática não é a fruição final da prática budista, da mesma forma que o cultivo da terra não é a colheita. Mas esse refinamento da mente constitui uma fundação essencial para práticas posteriores, que se destinam a revelar os potenciais mais profundos da consciência.

INTERLÚDIO: Tonglen – "Dar e receber"

Os quatro primeiros interlúdios enfocaram o cultivo meditativo da bondade amorosa, compaixão, alegria empática e equanimidade, que juntos oferecem uma gama maravilhosa de práticas para abrir o coração e encontrar equilíbrio emocional. Essas são práticas auxiliares extremamente necessárias para o desenvolvimento de shamatha, sendo profundamente significativas em si mesmas. Passaremos agora para a prática Mahayana do *tonglen*, que literalmente significa "dar e receber". Este único método integra a bondade amorosa e a compaixão sobre uma base de equanimidade, e por isso estimula a mente, evitando que caia em depressão, e a acalma, evitando a turbulência emocional. Assim como a atenção plena a um único ciclo da respiração evita a lassidão e a agitação – elevando a atenção durante a inspiração e relaxando durante a expiração – o *tonglen* neutraliza os desequilíbrios emocionais da depressão e da excitação. E quando combinado à respiração, pode ser especialmente eficaz.

Meditação Tonglen

Depois de estabelecer corpo e mente em seus estados naturais, imagine simbolicamente sua própria consciência prístina – transcendendo todas as distorções e aflições da mente – como uma esfera de luz branca radiante, com cerca de dois centímetros de diâmetro, no centro do seu peito. Visualize essa esfera como uma fonte insondável de bondade amorosa e compaixão, como uma luz de bondade e alegria sem limites. Esse é o poder de cura da consciência. Agora, traga à mente as dificuldades da sua vida, os tipos de sofrimento que têm enfrentado, juntamente com as causas internas dessa angústia. Imagine-os como uma nuvem escura que obscurece sua natureza mais profunda e obstrui sua busca pela felicidade genuína. Com a aspiração compassiva "Possa eu me livrar do sofrimento e de suas causas", com cada inspiração imagine que essa escuridão é trazida para dentro da luz em seu coração, onde é extinta sem deixar vestígios. Com cada respiração, imagine a escuridão se dissipando, e sinta o alívio da eliminação desse sofrimento.

Agora traga à sua mente a visão do seu próprio florescimento como ser humano. Imagine as bênçãos que gostaria de receber do mundo, e imagine como gostaria de ser transformado para alcançar a realização que busca. Agora, com a aspiração "Possa eu encontrar a felicidade e suas causas", com cada expiração visualize uma luz fluindo da fonte inesgotável no seu coração, permeando cada célula do seu corpo e cada aspecto da sua mente. Imagine essa luz permeando todo o seu ser, realizando todos os desejos do seu coração, com cada expiração.

A seguir, convide um ser querido a entrar no campo da sua consciência. Aplique a mesma prática anterior a essa pessoa, removendo compassivamente a escuridão do sofrimento e suas causas com cada inspiração, e enviando amorosamente a luz da felicidade e de suas causas com cada expiração. Enquanto faz isso, imagine essa pessoa se livrando de todo o sofrimento e descobrindo a verdadeira felicidade que tanto busca.

Depois de dissolver a imagem desse ser querido de volta ao espaço da sua consciência, evoque a memória de alguém que seja relativamente indiferente para você, e pratique da mesma forma, com o reconhecimento de que o sofrimento e o bem-estar dessa pessoa são tão reais e tão importantes quanto os seus e os dos seus entes queridos.

Na próxima fase dessa prática siga os mesmos passos com uma pessoa que tenha lhe causado algum mal, a você ou a alguém que ama, ou com alguém de quem você não gosta, por desaprovar seu comportamento, por exemplo. Com cada inspiração, assegure-se de trazer para a luz do seu coração toda a escuridão do sofrimento dessa pessoa e as causas do sofrimento – como, p. ex., a inveja, a hostilidade e a delusão –, que também podem indiretamente causar mal a outras pessoas. Com cada inspiração imagine essa pessoa se libertando dessas tendências negativas, e com cada expiração imagine-a encontrando a felicidade genuína e cultivando suas verdadeiras causas.

Antes de encerrar esta sessão de meditação, você pode expandir sua consciência em todas as direções, trazendo todos os seres sencientes para dentro desse campo de bondade amorosa e compaixão. Com cada respiração traga compassivamente para a luz do seu coração toda a escuridão do sofrimento do mundo e as causas do sofrimento e, amorosamente, inunde o mundo com a luz da felicidade e de suas causas. Nos momentos finais desta meditação, abandone todos os desejos e imagens, e simplesmente permita que a sua consciência repouse no momento presente, sem objeto. Apenas fique presente.

Estágio 6
Atenção pacificada

À medida que prosseguir na prática de shamatha em tempo integral, após alguns milhares de horas de treinamento rigoroso, você alcançará o sexto estágio do treinamento da atenção, conhecido como *atenção pacificada*. Este estágio é alcançado através do poder da introspecção, e aqui você já não experiencia mais resistência alguma ao treinamento. Ainda precisa permanecer alerta com respeito à ocorrência de lassidão em intensidade moderada, em que você está atento ao objeto da atenção plena, porém com pouca vivacidade. Além disso, neste estágio, você está propenso e precisa ser capaz de detectar a agitação sutil, na qual o objeto meditativo permanece no centro da atenção, mas pensamentos involuntários emergem na periferia. Retornando à nossa metáfora anterior sobre ouvir uma estação de rádio, isto é como sintonizar a estação desejada, mas ouvindo quase que indistintamente uma outra estação, ou simplesmente os ruídos de estática, ao mesmo tempo. A qualidade da atenção que você busca aqui é como uma estação bem-sintonizada, totalmente livre de ruídos e interferências.

Neste sexto estágio, os pensamentos involuntários passam pela nossa consciência como um rio fluindo lentamente através de um vale. À medida que a mente se acalma, os pensamentos cintilam como borboletas no espaço da consciência, e você é capaz de testemunhar passivamente toda a sequência dos pensamentos surgindo, manifestando-se e desaparecendo. Eles parecem ter menos "peso", pois são menos capazes de atrair sua atenção para eles. Assim como na teoria de Einstein – segundo a qual o espaço físico é deformado pelos corpos de matéria nele contidos –, parece, às vezes, que o espaço da consciência é deformado pelos conteúdos da mente. Algumas vezes, quando nos fixamos a algo, nossas mentes parecem ficar bem pequenas. Assuntos triviais se agigantam em nossa consciência como se fossem algo muito complexo e importante. Na realidade, eles não se tornaram maiores; nossas mentes é que ficaram pequenas. A magnitude do conteúdo da mente que experienciamos é relativa à espacialidade da mente. Portanto, para manter as atividades da mente em perspectiva, deixe o espaço da percepção permanecer o mais amplo possível. Ao mesmo tempo, quanto menos se apegar aos eventos mentais, menos o espaço da mente se contrairá em torno deles e menor será a deformação.

Durante o desenvolvimento de shamatha, mesmo neste estágio relativamente avançado, uma miríade de emoções e outras situações físicas e mentais poderá surgir, muitas delas de forma inesperada. Essa prática de estabelecer a mente em seu estado natural é especialmente conhecida por revelar o conteúdo reprimido e suprimido da mente, variando muito de pessoa para pessoa. Não há como prever de antemão quais os tipos de experiência que você terá.

Um dos desafios mais comuns nessa prática é o medo. À medida que deixa de se agarrar aos conteúdos da mente, você começa a minar a sensação de haver uma identidade pessoal que é constantemente reforçada por pensamentos, lembranças e pela identificação com sua história pessoal, suas expectativas e planos. Agora você está se desprendendo desses apoios conhecidos que solidificam o ego. À medida que os lapsos entre os pensamentos ocorrem com mais frequência e por períodos mais prolongados, sua consciência paira em uma espécie de espaço vazio, um vácuo destituído de identidade pessoal. Você poderá se sentir dominado pelo medo, pois o sentido normal de quem você é está se desenraizando. O mestre Gen Lamrimpa alertou seus alunos sobre esse medo que poderia surgir durante o treinamento. É crucial, ele aconselhou, não se identificar com ele e nem dar a ele qualquer crédito. Alguns tipos de medo são baseados na realidade. Eles nos protegem dos perigos, enchendo o corpo de energia para podermos fugir ou nos proteger quando necessário. Mas esse tipo de medo, sem um objeto definido, não se fundamenta na realidade. Não há perigo algum no espaço vazio e luminoso da consciência. Não há absolutamente nada a perder, a não ser a noção falsa de um ego independente e controlador. A única coisa que está sendo ameaçada aqui é uma ilusão. Se você não se identificar com ela, não haverá nada a temer. Mas se você se identificar com esse medo, ele poderá fazer com que toda a sua prática seja interrompida, atirando você em um profundo desequilíbrio emocional. Portanto, é extremamente importante observar esse medo sem distração e sem fixação. Mantenha-se concentrado nos elementos essenciais da prática.

Um outro desequilíbrio emocional que pode surgir a qualquer momento durante esse treinamento é a depressão, que pode estar relacionada a um profundo sentimento de culpa e baixa autoestima. Quando qualquer uma dessas emoções ou atitudes surgirem durante as sessões de meditação, trate-as como qualquer outro evento mental: observe seu surgimento, veja como permanecem e observe como desaparecem de volta ao espaço da mente. Examine-as com inteligência discriminativa, mas sem qualquer envolvimento emocional. Em vez de se identificar com elas, ou apropriar-se delas, deixe que surjam do espaço da consciência e se dissolvam de volta, sem intervenção alguma de sua parte – sem nem mesmo preferir que desapareçam. Deixe que o espaço de sua mente seja emocionalmente neutro, assim como o espaço físico, que não se importa nem um pouco de ser atravessado por um míssil ou por um beija-flor.

A prática: Estabelecendo a mente em seu estado natural – Explorando as profundezas

Nas primeiras vezes que você faz a prática de estabelecer a mente em seu estado natural, pode ter dificuldade para identificar o intangível domínio da mente. Ou mesmo que consiga estabelecer sua consciência no espaço da mente, depois de algum tempo sua atenção pode se tornar vaga, imprecisa ou desorientada. Se tiver alguma dificuldade para identificar o domínio da mente ou em sustentar a atenção nesse campo, produza deliberadamente o seguinte pensamento: "O que é a mente?", e observe-o atentamente. Não pense a respeito da pergunta e nem tente respondê-la. Apenas observe o pensamento em si, como ele emerge no campo da consciência e se dissolve de volta nesse espaço. Quando tiver desaparecido, mantenha o foco exatamente onde o pensamento estava e veja o que vem a seguir. Se cair de novo em uma espécie de vazio mental, desorientado, gere outra vez o pensamento e observe-o com atenção direta. Quando já estiver familiarizado com essa prática, você não precisará mais gerar um pensamento para cristalizar sua consciência e fixar sua atenção. Isso acontecerá por si só, à medida que os pensamentos surgirem e desaparecerem espontaneamente.

A prática de observar o espaço da mente e de qualquer evento que surgir nele é como fazer uma excursão naturalista pela "selva" da sua mente. Quando embarca pela primeira vez nessa jornada interna, pode ser que não perceba muita coisa. Mas, à medida que se acostuma com a prática, começa a identificar uma quantidade cada vez maior de diferentes fenômenos mentais. Alguns são fáceis de identificar, como imagens e pensamentos, outros são nebulosos como emoções e humores. Essa prática oferece a você um acesso experiencial a um domínio que não pode ser observado com nenhum instrumento da ciência e da tecnologia dos dias de hoje. O máximo que já conseguimos com tais equipamentos foi detectar os correlatos comportamentais e neurais do fenômeno que está sendo observado diretamente. Você se torna um naturalista da mente, e um novo mundo se abre diante de você, mundo este que permanece em grande parte inconsciente para a maioria das pessoas.

Nesta prática, o estado da consciência desce gradativamente do nível superficial da atividade mental grosseira, que é imediatamente acessível através da introspecção, para dimensões internas e profundas da mente, que normalmente estão abaixo do limiar da consciência. Você descobre nesse treinamento que o limite entre os eventos conscientes e inconscientes muda na dependência do grau de relaxamento, estabilidade e vivacidade da atenção. Especialmente quando se dedicar a essa prática por muitas horas todos os dias, por dias, semanas ou meses a fio, você será capaz de dragar as profundezas da sua própria psique. E, ao fazer isso, você se lembrará de experiências já há muito esquecidas, tanto boas como ruins, e de uma enorme gama de desejos e emoções.

O que acontece aqui é um tipo de livre-associação luminosamente clara e discernente de pensamentos, imagens mentais, memórias, desejos, fantasias e emoções. Você está explorando as profundezas da sua própria mente sem se distrair com diversões externas. Os fenômenos que estavam ocultos são agora revelados porque não há repressão do que quer que surja. Esse pode ser um tipo extraordinariamente profundo de terapia, e quanto mais intensiva for a prática, mais importante será prosseguir sob a orientação de um professor experiente e compassivo. Durante suas sessões de meditação, internalize a sabedoria dessa tradição contemplativa e assegure-se de estar implementando as instruções essenciais desta prática: não permita ser arrastado, não se agarre e não se identifique com o que quer que surja na mente. Apenas deixe ser como for. Observe o surgimento dos pensamentos, sentimentos ou outros eventos mentais, tome consciência de sua natureza com inteligência discriminativa, e deixe que se dissolvam de volta ao espaço da mente, sem qualquer julgamento ou intervenção de sua parte. Essa é a chave para deixar que os nós da psique se desfaçam à medida que a extraordinária capacidade de cura da mente se revela. Esse é o caminho para a profunda sanidade.

Reflexões sobre a prática

No início do treinamento de um ano que foi realizado em Washington em 1988, Gen Lamrimpa alertou os participantes de que eles poderiam experienciar visões de demônios ou outras aparições aterrorizantes. Muitos contemplativos tibetanos já relataram esse tipo de experiência durante práticas intensivas e prolongadas. A existência de tais seres não humanos faz parte da visão de mundo da tradição budista. Até onde eu sei, o que se verificou foi que, durante o retiro, ninguém relatou ter tido tais visões, possivelmente porque a crença na existência desses seres não é tão comum na sociedade ocidental. Mas alguns dos participantes eram às vezes afligidos pelos "demônios" da luxúria, da arrogância espiritual, do medo, do tédio, da falta de autoconfiança, da culpa e da baixa autoestima. Apesar de a ciência ter aparentemente livrado o mundo físico e objetivo de todos os deuses, espíritos e demônios, o mundo subjetivo da mente permanece densamente habitado por seus representantes internos.

É interessante comparar a visão de mundo não dualista de Düdjom Lingpa, contemplativo tibetano do século XIX, com a visão de mundo dualista europeia dos séculos XVI e XVII. Esses foram os anos em que a Revolução Científica e a Reforma Protestante foram ganhando forma, ambas surgidas quando a Europa estava envolvida em uma luta patológica contra demônios e bruxas. Na visão de mundo europeia daquela época, os demônios eram reais, externos e causavam estragos na vida dos indivíduos e da sociedade. Os demônios representavam também um problema para os filósofos naturais, os homens que mais tarde ficaram conhecidos como *cientistas*, e que estavam tentando entender os mecanismos, as leis naturais e o universo físico.

Isaac Newton apresentou a solução para o problema dos demônios confinando-os ao reino subjetivo da mente humana. Quando removeu os demônios do mundo externo, ele fez do mundo físico um lugar mais previsível e seguro para a pesquisa científica. Newton aspirou os demônios do mundo ocidental para dentro de um repositório na mente humana, deixando o mundo objetivo de espaço, tempo e matéria saturados pela luz da inteligência e do amor infinitos de Deus. De acordo com a perspectiva budista, isso pode ser interpretado como a versão pessoal de Newton da prática de *tonglen*. Mas, em vez de extinguir esses demônios na luz do coração do praticante, Newton deixou que permanecessem na mente humana, onde viveram silenciosos até que Freud resolveu empurrá-los para os recessos da psique, duzentos anos mais tarde.

O budismo reconhece que os demônios existem, mas eles não são nem absolutamente objetivos e nem absolutamente subjetivos. Eles surgem no reino da experiência humana, no qual todas as aparências – objetivas e subjetivas – se apresentam a nós. Quando você examina as camadas da psique com práticas como estabelecer a mente em seu estado natural, pode se deparar com fenômenos que surgem como demônios. É crucial entender que os demônios podem surgir em sua mente como resultado da prática *correta*, sem falar na prática mal-orientada! Se você for tibetano, os demônios que irá encontrar poderão ter múltiplas cabeças e muitos braços. Se você for ocidental, seus demônios poderão surgir em formas mais comumente aceitas em nossa sociedade. À medida que dragar as profundezas da psique, seus próprios demônios emergirão para a luz da consciência. Você pode contar com isso!

A explicação de Düdjom Lingpa sobre os demônios é de que são projeções exteriorizadas das tendências aflitivas da mente, como o ódio, a ganância, a confusão, o orgulho e a inveja. Quando surgem os demônios há uma tendência natural entre os tibetanos, até mesmo entre os praticantes mais experientes, de consultar um médico e comentar sobre o que está acontecendo na meditação. Quando o médico não resolver, a próxima consulta poderá ser com um astrólogo. Se a astrologia falhar, a próxima consulta poderá ser com um "vidente". No entanto, se a razão do surgimento dos demônios for a "limpeza" que o praticante está fazendo em sua mente neurótica, todos os esforços externos para se livrar deles não ajudarão. Temos que lidar com nossos problemas. Como fazemos isso? Deixando-os surgir e passar. Deixe que os demônios da mente se revelem, e em vez de se agarrar a eles ou lutar contra eles, deixe que desapareçam, em seu próprio tempo, de volta ao espaço luminoso da consciência. Essa é a prática que permite que a mente cure a si mesma.

Em *The Vajra Essence*, Düdjom Lingpa afirma que todos esses seres não têm existência, exceto como aparências à mente. Apesar de essa ser a visão de muitos psicólogos hoje em dia, é importante reconhecer que Düdjom Lingpa também afirma que o *self* não é mais real do que essas outras aparições à mente. Ambos são "vazios" de existência inerente e objetiva, e nós somos responsáveis por tudo o que nos acontece, e não algum ser sobrenatural e imaginário. Muitos manuais de meditação budista apresentam relatos normativos do que devemos esperar da prática meditativa quando realizada de forma correta. Esses textos são valiosos, mas não dão conta claramente dos muitos desafios que surgem como resultado da prática correta. A maioria dos manuais diz o que *deveria acontecer*, e não o que normalmente *acontece*, até mesmo quando a prática é realizada de maneira consistente e correta.

Ao contrário desses manuais, *The Vajra Essence* oferece, no início da apresentação de todo o caminho para a iluminação, o relato de uma enorme gama de experiências meditativas (em tibetano: *nyam*) que podem ocorrer no caminho de shamatha. A prática específica de shamatha que ele enfatiza como uma preparação para o Dzogchen é a de estabelecer a mente em seu estado natural, que ele chama de "tomar a mente e suas aparências como objeto da meditação".

The Vajra Essence enfatiza, acima de tudo, que não existe consistência nas experiências específicas de um indivíduo para outro. As mentes das pessoas são tão inimaginavelmente complexas que não há como prever com segurança os tipos de experiência que cada pessoa terá. Aqui está uma lista de alguns dos tipos de experiências meditativas citadas no texto que podem surgir durante esse treinamento, especialmente quando é realizado em retiro solitário, por muitas horas todos os dias, durante meses a fio[59]:

- a impressão de que todos os seus pensamentos estão causando prejuízos ao seu corpo, fala e mente, como pedras rolando montanha abaixo, esmagando e destruindo tudo em seu caminho;

- uma dor aguda em seu coração como resultado de todos os seus pensamentos, como se você tivesse sido perfurado pela ponta de uma arma;

- a sensação de bem-aventurança e êxtase de que a quietude mental é prazerosa, mas o movimento é doloroso;

- a percepção de todos os fenômenos como sendo partículas coloridas brilhantes;

- dor insuportável por todo seu corpo, das pontas do cabelo até as pontas das unhas dos pés;

- a sensação de que até mesmo alimento e bebida são prejudiciais, como resultado de ter sido atormentado por uma variedade de perturbações físicas;

- uma inexplicável sensação de paranoia ao encontrar outras pessoas, visitar suas casas, ou estar em locais públicos;

---

59. Ibid., p. 23-26.

- esperança compulsiva em tratamentos médicos, adivinhações e astrologia;

- infelicidade tão insuportável que você pensa que seu coração vai explodir;

- insônia à noite ou sono irregular como o de alguém que está gravemente doente;

- tristeza e desorientação ao acordar;

- a convicção de que ainda há algum entendimento ou conhecimento decisivo que você precisa ter, e o anseio por ele como uma pessoa com sede desejando água;

- o surgimento de todos os tipos de pensamentos decorrentes das aflições mentais dos cinco venenos, uns após os outros, de modo que você tem de persegui-los, por mais doloroso que isso seja;

- vários impedimentos da fala e doenças respiratórias;

- a convicção de que há algum significado especial em todos os sons externos que ouve e nas formas que vê; pensando: "Isso deve ser um sinal ou presságio para mim", e compulsivamente especular sobre o cantar dos pássaros e sobre tudo mais que você vê e sente;

- a sensação de sons externos e vozes de seres humanos, cães, pássaros, e assim por diante; todos perfurando seu coração como espinhos;

- raiva insuportável devido à paranoia de pensar que todo mundo está falando mal de você e o rebaixando;

- reações negativas ao ouvir e ver os outros fazendo piadas e rindo, achando que eles estão rindo de você, e retaliando-o verbalmente;

- desejo compulsivo pela felicidade dos outros ao observá-los, devido à sua própria experiência de sofrimento;

- medo e terror de armas e até mesmo de seus próprios amigos, pois sua mente está tomada por um fluxo constante de ansiedades;
- tudo ao seu redor levando a todos os tipos de expectativas e medo;
- premonições sobre outras pessoas que virão no dia seguinte ao ir para a cama à noite;
- medo, raiva, apego obsessivo e ódio incontroláveis quando surgem imagens, vendo os rostos dos outros, formas, mentes e conversas, assim como demônios e assim por diante, impedindo-o de cair no sono;
- choro devido à reverência e devoção por seus gurus, à sua fé e devoção pelas Três Joias, ao seu sentido de renúncia e desilusão com o samsara, e à sua sincera compaixão pelos seres sencientes;
- o desaparecimento de todo seu sofrimento e a saturação de sua mente com clareza radiante e êxtase, como o espaço prístino, apesar de experiências grosseiras poderem preceder tal clareza radiante;
- o sentimento de que deuses ou demônios estão realmente carregando consigo sua cabeça, membros e órgãos vitais, deixando para trás apenas um rastro de vapor; ou simplesmente a sensação de que isso está acontecendo ou que está ocorrendo em um sonho;
- sensação de êxtase como se o céu tivesse se tornado livre de nuvens.

Apesar de muitos de nós corrermos o risco de responder a algumas dessas experiências desagradáveis decidindo abandonar a prática ou procurando ajuda médica, na verdade, Düdjom Lingpa chamou todas essas situações de "sinais de progresso!" É verdadeiramente um progresso quando você reconhece o quão confusa e turbulenta é sua mente. Entretanto, quanto mais se aprofundar nessas dimensões desconhecidas da mente, mais você encontrará o inesperado e, às vezes, memórias e impulsos profundamente inquietantes se manifestarão psicológica e fisicamente. Algumas vezes, poderão se tornar tão perturbadores, que será necessário um aconselhamento psicológico ou tratamento médico. O conselho de Düdjom Lingpa é prosseguir na prática de maneira firme, sempre observando tudo que surgir, sem distrações e sem fixações. Essa é uma tarefa difícil, mas é o caminho a seguir. Não há outra forma de explorar profundamente a consciência a não ser por meio da psique, com todas as suas neuroses e desequilíbrios. Pode servir de consolo o fato de que nenhuma dessas experiências inquietantes foi introduzida recentemente em sua mente através da prática meditativa. Tudo aquilo que surgir já estava lá, oculto pela turbulência e pelo embotamento da mente.

Apesar de Düdjom Lingpa ter enfatizado a absoluta imprevisibilidade dessas experiências meditativas, ele também comentou sobre algumas tendências gerais correspondentes às diferentes constituições psicofísicas relacionadas aos cinco elementos[60]:

> Para uma pessoa com constituição de fogo, uma sensação de alegria é proeminente; para aqueles com constituição de terra, uma sensação de embotamento é proeminente; para aqueles com constituição de água, uma sensação de clareza é proeminente; para aqueles com constituição de ar, sensações desagradáveis são proeminentes; e para aqueles com constituição de espaço, uma sensação de vazio é proeminente.

No budismo tibetano, que é intimamente associado à medicina tradicional tibetana, o corpo humano, assim como o ambiente físico, é composto de cinco elementos. A maioria das pessoas é dominante em um ou mais elementos, influenciando sua

---

60. Ibid., p. 25.

constituição física, comportamento e traços mentais. Aqui está uma breve sinopse desses cinco tipos de constituição[61]:

Constituição de terra

Aspectos positivos: sentimentos de estabilidade, "pés no chão" e confiança; a segurança e as aspirações são firmes, bem como seu senso de responsabilidade.

Aspectos negativos: qualidades de embotamento, preguiça e inércia; o raciocínio pode ser lento, literal e pode faltar criatividade; apatia e depressão, insensibilidade e falta de inspiração.

Constituição de água

Aspectos positivos: conforto consigo mesmo e com a própria vida; fluidez e facilidade na condução da própria vida; aceitação de condições, alegria e contentamento.

Aspectos negativos: complacência, falta de produtividade, uma mente fraca e errante; alta emotividade e sensibilidade.

Constituição de fogo

Aspectos positivos: capacidade de iniciar projetos e de conduzi-los até o final; intuição e entusiasmo, empreendimentos inspirados, alegria no próprio trabalho e em suas realizações.

Aspectos negativos: torna-se facilmente agitado; irritável, impetuoso, instável, impaciente, intolerante, tagarela, insone.

Constituição de ar

Aspectos positivos: habilidade de transformar situações negativas em positivas; curiosidade, flexibilidade do intelecto.

---

61. RINPOCHE, T.W. *Healing with Form, Energy and Light*: The Five Elements in Tibetan Shamanism, Tantra, and Dzogchen. Ithaca, NY: Snow Lion, 2002, p. 13-20 [Ed. de Mark Dahlby].

Aspectos negativos: pouca estabilidade ou contentamento; volúvel, dificuldade em aceitar as coisas como elas são, nervoso, sem foco, ansioso, distraído; emocionalmente instável.

Constituição de espaço

Aspectos positivos: habilidade de se ajustar ao que quer que a vida trouxer; tolerância e equilíbrio em todas as coisas.

Aspectos negativos: desligado, perda de conexão com o que está acontecendo; perda de propósito devido a uma conexão superficial com a vida; falta de consciência; vive fora da realidade.

Pode servir de algum consolo o fato de que as dificuldades encontradas na prática de estabelecer a mente em seu estado natural são finitas. Ao final, você emergirá das camadas da psique para o espaço claro e luminoso da consciência. Düdjom Lingpa descreve essa experiência da seguinte forma:

> Depois que todas as sensações involuntárias – agradáveis e desagradáveis – tiverem desaparecido no espaço da consciência – simplesmente deixando os pensamentos livres, sem fazer nada com eles –, todas as aparências perdem a capacidade de ajudar ou causar dano, e você pode permanecer nesse estado[62].

Embora os termos "alegria" e "luminosidade" sejam familiares, e "não conceitualidade" seja a ausência de algo com o que todos nós estamos acostumados, o que esses termos realmente significam nesse estágio avançado da meditação é inimaginável, a menos que você próprio tenha alcançado esse estágio. Aqui é onde a linguagem pode ser enganosa. As palavras usadas para descrever esses estados de consciência precisam dar alguma ideia aos não meditadores e iniciantes daquilo que acontece quando se alcança graus elevados de equilíbrio da atenção. Mas é um grande erro supor que pelo fato de se ter uma compreensão elementar

---

62. LINGPA, D. *The Vajra Essence*. Op. cit., p. 25-26.

do significado desses termos possamos realmente entender o que eles significam nesses contextos mais elevados.

INTERLÚDIO: Sonhos lúcidos – Prática diurna

Na tradição budista o objetivo principal do desenvolvimento de shamatha é aplicar a estabilidade e a vivacidade da atenção intensificadas à investigação experiencial da natureza da realidade. O termo *buda* significa literalmente "aquele que está desperto", e as implicações aqui são de que o restante de nós está comparativamente adormecido, movendo-se pela vida como se fosse um sonho. Quando você está sonhando e não sabe disso, esse é chamado de *sonho não lúcido*, mas quando reconhece que está sonhando em meio ao sonho, esse é chamado de *sonho lúcido*. O objetivo geral da prática budista do *insight* é "despertar" em todos os estados da consciência, durante a vigília e durante o sono, para que o praticante se torne lúcido durante todo o tempo.

Nos últimos trinta anos, os sonhos lúcidos têm se tornado objeto de pesquisa científica, e foram desenvolvidos alguns meios bastante eficientes para reconhecer o estado de sonho enquanto ele está ocorrendo[63]. Entre as sessões de meditação de shamatha você poderá achar útil realizar algumas dessas práticas como forma de começar a aplicar sua atenção focada ao cultivo do *insight*.

Você pode começar sua prática diurna de sonho lúcido observando atentamente a maneira como realmente percebe o mundo físico, seu corpo e o ambiente. Muitos de nós acreditamos perceber diretamente os fenômenos físicos e objetivos com os cinco sentidos físicos, e que as imagens mentais que percebemos por meio dos nossos sentidos são representações exatas dos objetos que

---

63. LaBERGE, S. & RHEINGOLD, H. *Exploring the World of Lucid Dreaming*. Nova York: Ballantine, 1990. • LaBERGE, S. "Lucid Dreaming and the Yoga of the Dream State: a Psychophysiological Perspective". In: WALLACE, B.A. (ed.). *Buddhism & Science*: Breaking New Round. Nova York: Columbia University Press, 2003, p. 233-258.

percebemos. Entretanto, o neurologista Antonio Damasio refuta essa premissa, que é comumente chamada de *realismo ingênuo*[64]:

> O problema com o termo *representação* não é sua ambiguidade, pois todos nós podemos adivinhar o que significa, mas sim a implicação de que, de alguma forma, a imagem mental ou o padrão neural *representam*, na mente e no cérebro, com algum grau de fidelidade, o objeto ao qual a representação se refere, como se a estrutura do objeto estivesse duplicada na representação... Quando você e eu olhamos para um objeto fora de nós, formamos imagens comparáveis em nossos respectivos cérebros. Sabemos bem disso, porque você e eu podemos descrever o objeto de forma bastante semelhante, até nos menores detalhes. Mas isso não significa que a imagem que vemos é a cópia da aparência do objeto externo. Em termos absolutos, nós não sabemos como o objeto é.

À luz dessa visão neurocientífica percebemos diretamente as imagens geradas no cérebro com os cinco sentidos, mas essas não são representações verdadeiras de algo que existe independentemente do cérebro. Essas impressões sensoriais de cores, sons, cheiros etc. não são mais tangíveis do que os pensamentos ou sonhos. Embora pareça que experienciamos as cores, e assim por diante, como se existissem no mundo objetivo, independentes dos nossos sentidos, isso é uma ilusão, muito parecida com um sonho.

Podemos concluir que as únicas realidades que percebemos diretamente consistem de aparências à mente e aos cinco sentidos, sendo que nenhuma delas é comprovadamente física. Não existe qualquer parâmetro objetivo com o qual possamos comparar nossas percepções sensoriais ou conceitos com os fenômenos físicos que estão "lá fora" e que imaginamos existir independen-

---

64. DAMASIO, A. *The Feeling of What Happens*: Body and Emotion in the Making of Consciousness. Nova York: Harcourt, 1999, p. 320.

temente das nossas percepções e conceitos. A própria existência de um universo independentemente existente, composto de fenômenos que definimos como físicos, agora parece estar sendo questionada. E nossa experiência normal de vigília assume uma qualidade semelhante à do sonho.

Esses comentários são comparáveis ao pensamento do filósofo Immanuel Kant, e a implicação não é de que não existe um universo independente da mente humana, mas de que, como argumentou Kant, assim que tentamos percebê-lo ou concebê-lo, fazemos isso através das nossas faculdades humanas sensoriais e cognitivas, e nenhuma delas nos oferece acesso à realidade da forma como ela existe, independentemente dos nossos métodos de investigação. Essa mesma afirmação é feita pelo físico Werner Heisenberg: "O que observamos não é a natureza em si, mas a natureza exposta ao nosso método de questionamento"[65].

Apesar de os cientistas, desde os tempos de Galileu, haverem tentado sondar a realidade objetiva e existente, independentemente da experiência humana, os budistas têm tentado compreender aquilo que chamaram de *loka*, comparável ao que os fenomenologistas chamam de *Lebenswelt*, o mundo da experiência. Como um sonho, o mundo da experiência de vigília não existe independentemente das nossas experiências. As práticas diurnas, na preparação para os sonhos lúcidos noturnos, podem ajudá-lo a despertar para a natureza do nosso mundo que vivenciamos. O método mais eficiente para aprender a obter lucidez é desenvolver uma "atitude crítica reflexiva" em relação ao seu estado de consciência, perguntando a si mesmo se está ou não sonhando no estado de vigília.

---

65. HEISENBERG, W. *Physics and Philosophy*: the Revolution in Modern Science. Nova York: Harper e Row, 1962, p. 58.

"Acordar" durante o dia

As práticas diurnas de sonhos lúcidos consistem de (1) fazer "verificações de estado", (2) checar sinais de sonho e (3) antecipar sonhos lúcidos à noite.

Verificações de estado

A *verificação de estado* permite que você determine se, neste exato momento, está acordado ou sonhando. Durante a vigília, o mundo físico que você experiencia não é totalmente dependente da sua própria mente. Por exemplo, à medida que lê as páginas deste livro, apesar de as imagens visuais que está vendo serem produzidas pelo seu cérebro, o papel e a tinta foram produzidos por outras pessoas e consistem de substâncias químicas cuja existência não depende da percepção que você tem delas. Se você, momentaneamente, desviar sua atenção do livro, o papel e a tinta ainda existirão, apesar da aparência visual deles não existir mais. Considerando a independência do livro em relação à percepção que você tem dele, todas as vezes que você voltar a olhar para as linhas do texto nesta página verá as mesmas palavras. Por outro lado, se neste momento você estivesse sonhando, o livro que está lendo não teria existência independente da sua percepção. Seria puramente uma criação da sua própria mente, e, portanto, se fechasse momentaneamente seus olhos ou virasse sua cabeça para o lado, aquele livro sonhado não existiria mais. Estando fora do campo de visão, estaria fora da mente e deixaria de existir. Considerando a falta de continuidade de qualquer livro objetivo em um sonho, quando você redireciona seu olhar de volta ao livro, as palavras mudam em 75% das vezes na primeira vez, e em 95% das vezes, se você desviar o olhar e voltar a ler uma segunda vez.

Tente fazer isso agora. Vire sua cabeça para o lado por alguns segundos e olhe para esta página novamente. Se as palavras mudarem (e, é claro, você precisa se lembrar de quais eram as palavras para saber disso), então é quase certo que você está sonhando. Se elas permanecem inalteradas, você está provavelmente acordado. Se fizer isso uma segunda e até uma terceira vez, e as palavras ainda permanecerem inalteradas, então você pode concluir, com grande certeza, que realmente não está sonhando. Mas se mudarem uma única vez, então estará provavelmente correto em concluir que está sonhando.

Esse exercício pode parecer tolo, porque provavelmente você está certo de que não está sonhando. Mas normalmente temos essa mesma certeza quando estamos sonhando. Nós consideramos aquilo que experienciamos no mundo ao nosso redor como sendo objetivamente real, existindo independente da nossa percepção, e respondemos aos eventos como se estivéssemos acordados. Fazendo as verificações de estado, intermitentemente, durante o dia, você poderá determinar se está acordado ou se está dormindo. À medida que se familiariza com essa prática, esse mesmo hábito pode ser transferido para o estado de sonho, e quando o aplicar, descobrirá repentinamente que está sonhando. É assim que você começa a sonhar com lucidez.

Na prática de shamatha você desenvolve a *memória presente*, como no caso de se lembrar de focar sua atenção no objeto escolhido, no fluxo constante do momento presente. Você também se *recorda prospectivamente* de como reconhecer os desequilíbrios da atenção e de como remediá-los quando a lassidão ou a agitação surgirem. Da mesma forma, a prática diurna de sonho lúcido inclui *lembrar prospectivamente* de fazer verificações de estado durante o dia. Além disso, se a qualquer momento você experienciar algo excepcionalmente estranho, faça uma pausa e se pergunte: "Como isso é estranho, não é?" Enquanto estamos sonhando podemos experienciar muitas anormalidades, como por exemplo transições súbitas da nossa localização e outros tipos de descontinuidades, como as palavras mudando em um livro, ou outras ocorrências e circunstâncias estranhas. Mas, se não adotarmos uma "atitude crítica reflexiva" em relação a elas, nós as aceitaremos sem hesitação, sem acordarmos para o fato de que estamos sonhando. Adote esse tipo de atitude crítica em todas as situações, questionando a natureza da sua experiência presente; esse hábito também pode ser transferido para o estado de sonho e ajudá-lo a se tornar lúcido.

Sinais de sonho

Os sinais de sonho são eventos fora do comum que frequentemente ocorrem nos sonhos e, se forem notados, poderão indicar que você está sonhando. Nessa prática, você monitora a experiência quanto ao surgimento dos sinais de sonho, que podem ser de três tipos:

Sinais de sonho individuais – consistem de atividades, situações, pessoas, objetos e estados mentais que você normalmente experiencia em seus sonhos. Para poder identificar e observar esses sinais de sonho você precisa prestar bastante atenção aos seus sonhos e manter um diário de sonhos, anotando as circunstâncias recorrentes. Lembre-se delas, e sempre que experienciá-las faça uma pausa e uma verificação de estado para checar se está sonhando.

Sinais de sonho fortes – consistem de eventos que, até onde você sabe, só podem acontecer em um sonho. Por exemplo: se estiver lendo um livro e ele se transformar em uma cobra, esse é um sinal de sonho forte, e se você o reconhecer como tal, estará lúcido. Muitos outros "eventos sobrenaturais" ocorrem normalmente nos sonhos, mas se você não aplicar uma atitude crítica reflexiva a esses sinais, continuará considerando tudo que experienciar como sendo objetivamente real.

Sinais de sonho fracos – são eventos altamente improváveis, mas não completamente impossíveis, até onde você sabe. Ver um elefante passeando no gramado da sua casa é um exemplo de sinal de sonho fraco, a menos que você viva nas florestas do Sri Lanka ou em uma reserva no Quênia. Quando você experienciar algo um pouco fora do comum, faça uma verificação de estado. Se houver algo por perto que possa ler, faça a verificação da leitura. Se não houver nada para ler, você pode simplesmente dar uma olhada ao seu redor e ver se são estáveis, como na sua experiência de vigília. Procure por flutuações inexplicáveis que podem indicar um sonho.

Antecipação

Durante o dia lembre-se de que à noite você irá dormir e sonhar, e tome repetidamente a forte resolução: "Esta noite, quando estiver sonhando, reconhecerei o estado de sonho pelo que é". A estabilidade e a vivacidade da atenção que cultivou em sua prática de shamatha, juntamente com o exercício de memória prospectiva, deverão ajudá-lo nesse momento e deverão trazer clareza para todas as suas experiências, no estado de vigília ou quando estiver sonhando.

Estágio 7
Atenção plenamente pacificada

Quando já tiver superado os desafios dos primeiros seis estágios do desenvolvimento da atenção, você passará para o sétimo estágio, chamado de *atenção plenamente pacificada*. Asanga caracteriza sucintamente esse estágio do desenvolvimento com a afirmação: "Apego, melancolia e assim por diante são pacificados assim que surgem"[66]. Tais experiências poderão continuar ocorrendo de tempos em tempos, mas terão perdido o poder de perturbar o equilíbrio da sua mente. Os pensamentos involuntários continuarão fluindo em sua mente como um riacho que lentamente percorre um vale, mas à medida que sua mente se estabelece cada vez mais profundamente em seu estado natural não há nada para eles se fixarem. Na ausência de fixações não há apego aos pensamentos, e eles não têm mais poder de afligi-lo.

O poder por meio do qual o sétimo estágio é alcançado é o *entusiasmo*: agora, a própria prática enche você de alegria. Isso é o que o motiva a continuar na prática e a superar um número cada vez maior de desafios sutis que virão a seguir. Tendo superado o grau médio de lassidão, restará ainda a lassidão sutil, na qual o objeto da atenção plena aparece vividamente, mas sua atenção está um pouco frouxa. Apenas um meditador muito avançado é capaz de reconhecer esse grau sutil de lassidão. Esse estado é de-

---

[66]. ASAṄGA. *Mahāyānasūtrālaṃkāra*. Op. cit., p. 159 e 190, XIV, 13c-d. • Apud WALLACE, B.A. *Balancing the Mind*. Op. cit., p. 189.

tectado em contraste a um grau de vivacidade excepcionalmente alto que uma mente treinada é capaz de sustentar. A agitação sutil também ocorrerá de tempos em tempos. Como foi recomendado anteriormente, quando a lassidão ocorrer, intensifique sua atenção; e quando a agitação ocorrer, relaxe. No sétimo estágio esses desequilíbrios sutis são rapidamente reconhecidos e são facilmente remediados, pois a faculdade de introspecção já está bastante refinada. A palavra tibetana *gom*, normalmente traduzida como "meditação", tem a conotação de *familiaridade*, e essa é a qualidade da experiência que você tem nesse estágio da atenção plenamente pacificada. Você se tornou muito hábil em equilibrar e refinar a atenção, e o restante da jornada até a realização de shamatha agora é mais fácil.

Quando se alcança o sétimo estágio da atenção plenamente pacificada, a mente está tão refinada, que as sessões de meditação podem durar, pelo menos, duas horas, com leves interrupções causadas por lassidão e agitação. Em cada um dos dois métodos de shamatha introduzidos até agora – atenção plena à respiração e estabelecer a mente em seu estado natural – as práticas envolvem gradativamente fazer menos e menos. Quando está prestando atenção à respiração, você já deixa de fazer muitas coisas, mas ainda precisa liberar os pensamentos involuntários que surgem em sua mente. Você, de fato, prefere uma mente conceitualmente silenciosa, em vez de imagens e pensamentos discursivos surgindo um após outro. Quando estabelece a mente em seu estado natural você faz menos ainda. Agora nem prefere mais que os pensamentos estejam ausentes. Em vez de soltá-los deliberadamente – banindo-os da sua mente – você deixa que sejam como são, não influenciando de forma alguma. Você apenas sustenta a atenção plena constante no espaço da mente e em qualquer evento que surgir nesse espaço.

A prática: Estabelecer a mente em seu estado natural – observando o movimento da mente

O Primeiro Panchem Lama chamou esta prática de *meditação sobre a natureza relativa da mente*[67], e Düdjom Lingpa a chamou de *tomar as aparências e a consciência como caminho*[68]. O Primeiro Panchem Lama descreve esta prática da seguinte forma:

> Seja qual for o tipo de pensamentos que surgirem, sem reprimi-los, reconheça onde estão se movendo e para onde estão indo, e mantenha o foco enquanto observa a natureza desses pensamentos. Ao fazer isso, ao final, seus movimentos cessarão e haverá quietude. Isto é como o exemplo do voo sobre o oceano de um pássaro que foi mantido em cativeiro a bordo de um navio por um longo tempo. Pratique de acordo com a descrição em *Song of Realization* (*Canção da realização*) [de Saraha]:

> "Como um corvo que levanta voo de um navio, circula em todas as direções e pousa de volta ao navio"[69].

Nos tempos antigos, quando os marinheiros indianos velejavam para alto-mar, eles libertavam um corvo engaiolado que traziam a bordo e observavam seu voo. Depois de voar em círculos cada vez mais altos, se o corvo voasse em uma determinada direção, o navegador sabia que a terra mais próxima estaria naquela direção. Mas se não houvesse terra à vista para o corvo, por mais que desejasse pousar em outro lugar e ficar livre, como não era capaz de nadar, não tinha outra escolha a não ser retornar ao

---

67. SUA SANTIDADE O DALAI LAMA & BERZIN, A. *The Gelug* – Kagyü Tradition of Mahamudra. Ithaca, NY: Snow Lion, 1977, cap. 4.

68. LINGPA, D. *The Vajra Essence*. Op. cit., p. 23.

69. Esta é uma citação da seção "Sems gnas p'ai thabs" do seu Dge ldan bka' brgyud rin po che'i bka' srol phyag rgya chen po'i rtsa ba rgyas par bshad pa yang gsal sgron me. Cf. "Saraha's treasury of songs". *Buddhist Texts through the Ages*. Oxford: Cassirer, 1954, vs. 70, p. 233.

navio. Da mesma forma, quando os pensamentos surgirem, deixe que sigam seu curso, independentemente de sua natureza ou duração. No final, só poderão desaparecer de volta no espaço da consciência do qual surgiram. Nesta prática, é crucial observar o movimento dos pensamentos sem intervenção. Esse é um aspecto vital para a cura natural da mente que acontece nesse processo.

Reflexões sobre a prática

Atenção plena e insight *contemplativo*

A prática de estabelecer a mente em seu estado natural corresponde com bastante rigor à descrição psicológica da atenção plena explicada anteriormente como "um tipo de consciência não elaborada, sem preconceitos, centrada no presente, no qual cada pensamento, sentimento ou sensação que surge no campo de atenção é reconhecido e aceito como é"[70]. Esta descrição, como foi discutida no capítulo 4, reflete a definição contemporânea da tradição Vipassana da atenção plena como sendo um tipo de "atenção direta", momento a momento, ou consciência não conceitual que não rotula ou categoriza as experiências. Os contemplativos tibetanos budistas e indianos, no entanto, consideram a prática de estabelecer a mente em seu estado natural uma técnica específica para o desenvolvimento de shamatha, e não de *insight* contemplativo ou vipashyana.

Bhante Gunaratana, falando em nome da tradição contemporânea de Vipassana, afirma que o samadhi, ou concentração, "poderia ser definido como aquela faculdade da mente de focar unicamente um objeto sem interrupção". E ele descreve a atenção plena como a faculdade que "nota que... a distração ocorreu, e que redireciona a atenção"[71]. Portanto, para Gunaratana,

---

70. BISHOP, S.R. et al. "Mindfulness: a Proposed Operation Definition". Op. cit., p. 232.

71. GUNARATANA, H. *Mindfulness in Plain English*. Op. cit., p. 161, 165-166.

a concentração desempenha a função do que temos chamado de atenção plena, e a atenção plena, como ele descreve, desempenha a função do que temos chamado de introspecção. Pode ser útil observar essas diferenças terminológicas de uma tradição para outra, sem ficarmos presos a elas. Entretanto, vale a pena observar também que, de acordo com os textos clássicos citados aqui, a prática de shamatha da atenção direta aplicada ao domínio da mente resulta apenas em um alívio temporário de aflições mentais como desejo e hostilidade. Portanto, não existe razão alguma para crer que a prática da atenção direta, por si só, seja capaz de eliminar de forma irreversível qualquer aflição da mente.

De acordo com a tradição budista, essa liberação é obtida através da prática de vipashyana, ou meditação do *insight*, que resulta em sabedoria. Essa realização, quando combinada com a estabilidade e a clareza excepcionais de shamatha, elimina irreversivelmente a ignorância e a delusão que estão na raiz do sofrimento. Por outro lado, se a prática de vipashyana não for apoiada pelo atingimento de shamatha, nenhuma realização, nenhum despertar e nenhuma transformação durarão, e nunca conseguiremos superar as feridas causadas pelas nossas dores humanas. A libertação que resulta da unificação de shamatha e vipashyana não nos coloca, de forma alguma, fora da realidade da mudança. Buda também envelheceu e morreu. Mas a liberdade obtida pelo Buda e por todos aqueles que seguiram o caminho da liberação até a culminação, conseguiu curar suas mentes dos desejos, da hostilidade, da delusão e dos sofrimentos resultantes de tudo isso, de maneira irrevogável. Qualquer estado inferior a esse não merece o nome de "nirvana".

Dentro do nobre caminho budista de oito passos, o esforço correto, a concentração correta e a atenção plena correta apoiam o cultivo do samadhi. O pensamento correto e a visão correta são elementos essenciais do caminho óctuplo, necessários para o cultivo da sabedoria. Isso indica ainda que a atenção plena isoladamente é insuficiente para libertar a mente de suas tendências aflitivas de forma completa. Para obter o *insight*, que resulta na verdadeira liberdade, precisamos exercitar uma grande clareza de pensamento, fazer uso de abordagens como a dos budistas, muito semelhantes ao que fazem os cientistas quando usam hipóteses na condução de experimentos. A prática da meditação que guardar relação com alguma abordagem ou hipótese é tão limitada quanto uma pesquisa científica conduzida sem referência alguma a uma visão científica da realidade.

Explorando o estado fundamental relativo da consciência

De acordo com a tradição Mahayana, a prática de estabelecer a mente em seu estado natural leva a uma realização da natureza *relativa* da consciência e ao alívio *temporário* de certos obstáculos, ou obscurecimentos da mente. Essa é a razão pela qual o Primeiro Panchen Lama a chamou de *meditação sobre a natureza convencional da mente* e alertou que muitos contemplativos no Tibete confundiram as experiências meditativas dessa prática com a realização da verdade absoluta.

As tradições Theravada e Indo-tibetana do budismo concordam que o cultivo de shamatha leva a uma realização experiencial do estado fundamental da psique. A literatura budista antiga se refere a isso como bhavanga, que literalmente significa "a base do vir a ser", que apoia todos os tipos de atividades mentais e percepções sensoriais, como a raiz de uma árvore sustenta o tronco, galhos e folhas. Bhavanga pode ser caracterizado como um estado de vácuo relativo da consciência, destituído de toda a "energia cinética" dos pensamentos ativos, imagens mentais e percepções sensoriais. De maneira geral, ele é imperceptível enquanto a mente está ativa e normalmente se manifesta apenas no sono sem sonho e durante o último momento da vida de uma pessoa. Embora seja descrito como o estado natural, livre e desimpedido da mente, sua radiância e pureza inatas estão presentes mesmo quando a mente está obstruída por pensamentos e emoções aflitivas[72]. Contrários à visão materialista acerca da mente, os contemplativos budistas afirmam que todos os processos mentais e sensoriais são condicionados pelo corpo e pelo ambiente, mas eles, na realidade, emergem de bhavanga, e não do cérebro.

Os comentadores Theravada insistem que bhavanga é uma fase *intermitente* da consciência, que é interrompida sempre que surge a consciência sensorial ou outros tipos de atividade cognitiva. Portanto, ela não é um repositório constante de memórias ou outras marcas mentais. Apesar de bhavanga ser descrita como o estado naturalmente puro e radiante da consciência, que existe independentemente de a mente estar obstruída por máculas, essa escola – talvez devido à preocupação de que seja vista como um "eu" permanente e independente – nega que seja um substrato sempre presente.

Creio que os contemplativos Dzogchen que atingiram shamatha têm acesso a essa mesma dimensão de consciência, porém interpretam de forma um pouco diferente. A consciência substrato (*alayavijñana*), como é chamada, consiste de um fluxo de momentos da consciência que surgem e desaparecem, e, portanto, não é permanente; e está condicionada por várias influências, e, por isso, não é independente. Mas eles, de fato, a consideram como um fluxo contínuo da consciência do qual surgem todos os processos cognitivos mundanos.

No curso natural de uma vida, a consciência substrato é repetidamente experienciada no sono sem sonho e, finalmente, se manifesta no momento da morte. Um contemplativo pode sondar conscientemente essa dimensão da consciência através da prática de shamatha, na qual os pensamentos discursivos se tornam latentes, e todas as aparências de si mesmo, dos outros, do próprio corpo e do ambiente desaparecem. Nesse ponto, como

---

72. *Aṅguttara Nikāya* A. I, p. 8-10.

nos casos do sono e da morte, a mente se recolhe para o interior, e os sentidos físicos se tornam latentes. O que resta é um estado de consciência clara e radiante, que é a base para o surgimento de todas as aparências no fluxo mental de um indivíduo. Todos os fenômenos que se apresentam à percepção sensorial e mental estão imbuídos com a clareza dessa consciência substrato. Assim como os reflexos dos planetas e das estrelas em um lago de água límpida e cristalina, também as aparências de todo o mundo dos fenômenos surgem na consciência substrato clara e vazia.

A consciência substrato pode ser caracterizada como o estado fundamental relativo da mente individual, no sentido de implicar o estado mais baixo de atividade, com o mais alto potencial e o maior grau de liberdade que podem ser alcançados com o esvaziamento da mente através da prática de samadhi. Por exemplo, uma vez que um fluxo individual de consciência tenha sido catalisado de seu próprio substrato no sono sem sonho, ele pode se manifestar livremente numa vasta diversidade de paisagens oníricas e experiências. Essa criatividade excepcional é também exibida sob hipnose profunda, em que também se explora a consciência substrato. Mas esse potencial é mais efetivamente acessado quando se penetra com lucidez na consciência substrato, por meio da quiescência meditativa. Nesse caso, a pessoa está vividamente consciente do substrato, em oposição ao embotamento que normalmente caracteriza o sono sem sonho. Os contemplativos budistas relatam que essa realização totalmente consciente do estado fundamental da consciência dá acesso a um vasto manancial de criatividade, que está bastante obscurecido nas experiências normais do substrato, enquanto estamos dormindo ou morrendo.

Os contemplativos que realizaram a consciência substrato, através da prática de shamatha, afirmam que ela está imbuída com três atributos: bem-aventurança, luminosidade e não conceitualidade. Isso levou muitos contemplativos a confundirem a consciência substrato com a natureza absoluta da realidade, ou nirvana. Mas a simples permanência nesse estado relativo de vácuo da consciência não libera a mente de suas tendências aflitivas ou sofrimentos resultantes. Quando sondamos a natureza da consciência substrato, podemos conhecer a natureza da consciência em seu estado fundamental relativo. No entanto, essa realização não ilumina a natureza da realidade como um todo. É também importante não confundir essa consciência substrato com o inconsciente coletivo, tal como concebido por Carl Jung. Todos os relatos budistas sobre a consciência substrato se referem a ela como um fluxo *individual* de consciência, que segue de uma vida para a seguinte.

A tradição Dzogchen estabelece uma distinção entre a consciência substrato e o substrato (*alaya*), que é descrito como o espaço vazio e objetivo da mente. Esse estado de vácuo é imaterial como o espaço, um "branco" totalmente livre de pensamentos, no qual todas as aparências objetivas dos sentidos físico e mental se dissolvem quando adormecemos; e é desse vácuo que as aparências reemergem quando acordamos[73].

A essa altura da prática de shamatha você terá aperfeiçoado sua habilidade de observar todos os tipos de processos mentais, sem distração e sem fixação. Mesmo quando as toxinas mentais do desejo, da raiva e da delusão surgirem, você será capaz de observá-las sem ser tragado por elas. E, contanto que você não se fixe ou se identifique com esses venenos, eles terão perdido a toxicidade e não poderão mais perturbar o equilíbrio da sua mente. À medida que você for capaz de liberar esses processos mentais em seus estados naturais, eles não serão mais experienciados como aflições mentais, e você poderá então começar a explorar sua natureza mais essencial.

Quando experienciar o desejo, poderá notar a bem-aventurança que surge na antecipação da alegria e da satisfação. Você

---

73. LINGPA, D. *The Vajra Essence*. Op. cit., p. 46.

enxergará através das aflições da sua psique e sentirá a bem-aventurança, que é uma qualidade da sua consciência substrato. Em todas as situações, quando surgir o desejo por coisas como posses materiais, notoriedade, prazeres sensoriais ou até mesmo pela realização de shamatha, você poderá observar a bem-aventurança que há no desejo.

No calor da raiva você pode descobrir a luminosidade, uma segunda qualidade da consciência substrato. Sempre que surgirem as labaredas da raiva você terá a oportunidade de não ser levado por elas e de não se identificar com elas. Em vez disso, você poderá observar atentamente a luminosidade que se manifesta como raiva e sondar a natureza mais profunda da consciência.

Até mesmo na delusão existe um aspecto de consciência substrato: a não conceitualidade. Portanto, sempre que experienciar a delusão, observe sua natureza mais profunda e não aflitiva da não conceitualidade. Quando observamos a mente com bastante atenção e com discernimento podemos começar a experienciar as três qualidades da consciência substrato – bem-aventurança, luminosidade e não conceitualidade – manifestando-se como raiva, desejo e delusão. Quando você é carregado ou se identifica com esses processos mentais, eles rompem o equilíbrio da mente e conduzem a um comportamento destrutivo. Mas quando você os observa sem distração e sem fixação, eles se transformam em portais para as características básicas da consciência substrato.

INTERLÚDIO: Sonhos lúcidos – Prática noturna

Enquanto continua desenvolvendo a estabilidade e a vivacidade da sua atenção durante o dia, você pode querer aplicar essas qualidades para iluminar também a natureza das suas experiências noturnas. Afinal de contas, a maioria de nós gasta até um terço de sua vida dormindo. Com o grau de refinamento da atenção que já obteve, você já está preparado para incluir essa porção da vida que passa dormindo na prática meditativa. À medida que se aventura na prática noturna do sonho lúcido você pode começar a explorar as similaridades e as diferenças entre os estados de sono e vigília da consciência. Stephen LaBerge, um proeminente pesquisador nessa área, comenta: "Sonhar pode ser visto como um caso especial de percepção, sem as restrições do *input* sensorial externo. De modo inverso, a percepção pode ser vista como um caso especial de sonho restrito pelo *input* sensorial"[74]. A única diferença essencial entre as experiências de vigília e de sonho é que a primeira surge com o *input* sensorial e a segunda surge sem o *input* sensorial. Em termos de atividades em nossos cérebros, sonhar que estamos percebendo ou fazendo algo é bem parecido a perceber ou fazer algo no estado de vigília. LaBerge comenta que essa é a razão pela qual normalmente confundimos nossos sonhos com a realidade[75].

Existem três requisitos essenciais para aprender a sonhar com lucidez: motivação adequada, prática correta de técnicas efetivas e uma excelente habilidade de recordar os sonhos. Você pode desenvolver uma motivação adequada através da reflexão sobre os possíveis benefícios de tal prática para sondar a natureza da consciência, podendo também desenvolver a habilidade de recordar os sonhos prestando bastante atenção a eles e registrando-os em um diário. Em seu livro mais recente sobre os sonhos lúcidos, *Lucid Dreaming: a Concise Guide to Awakening in Your Dreams and in Your Life* (*Sonhos lúcidos: um guia prático para despertar em seus sonhos e em sua vida*), LaBerge oferece instruções detalhadas sobre essa prática, que resumirei brevemente a seguir.

Uma técnica que lida diretamente com as práticas diurnas, discutidas no interlúdio anterior, é chamada de Indução Mnemônica dos Sonhos Lúcidos (Mild). Nessa prática, quando for se deitar à noite, tome a resolução de acordar e de se recordar dos

---

74. LaBERGE, S. *Lucid Dreaming*: a Concise Guide to Awakening in Your Dreams and in Your Life. Boulder, CO: Sounds True, 2004, p. 14.

75. Ibid., p. 19.

sonhos que teve durante a noite. Assim que acordar do sonho, tente lembrar a maior quantidade possível de detalhes, e quando estiver prestes a voltar a dormir, foque sua mente na resolução: "Da próxima vez que sonhar, eu reconhecerei que é um sonho!" E pouco antes de adormecer, imagine que está de volta ao sonho do qual acabou de despertar.

Os Sonhos Lúcidos Iniciados no Sonho (Dild) ocorrem quando você percebe que está sonhando enquanto o sonho está acontecendo. Esse reconhecimento pode ocorrer quando você identifica um sinal de sonho forte ou fraco, ou porque está tendo um pesadelo. Essa é a maneira mais comum de se tornar lúcido em um sonho.

Nos Sonhos Lúcidos Iniciados na Vigília (Wild) você acorda brevemente de um sonho, retornando imediatamente a ele sem perder a consciência. LaBerge descreveu essa prática da seguinte maneira:

> Deite-se na cama, profundamente relaxado, mas vigilante, e realize uma atividade mental contínua e repetitiva, sobre a qual você possa focar sua atenção. A continuidade dessa tarefa é o que mantém o foco interno de sua atenção e, com ele, sua consciência interna permanece alerta; ao mesmo tempo, a consciência externa se torna sonolenta, diminui e, finalmente, desaparece quando você adormece. Em essência, a ideia é deixar seu corpo adormecer enquanto mantém sua mente alerta[76].

Muitas pessoas acham a exploração dos sonhos lúcidos desagradável porque têm dificuldades para recordar seus sonhos, ou mesmo quando recordam, os próprios sonhos não são claros e a lembrança é vaga e sem qualquer nexo. Esses são problemas de lassidão da atenção, que são diretamente remediados por meio da prática de shamatha. Um outro problema, muitas vezes en-

---

76. Ibid., p. 31-32.

contrado no início da prática do sonho lúcido, é acordar assim que reconhece que está sonhando. Mesmo que você não acorde, o sonho pode desvanecer e a lucidez pode se perder. Ou o sonho pode continuar, mas você acaba perdendo a consciência de que é um sonho. Esses problemas surgem devido à insuficiência de estabilidade da atenção, que shamatha também se propõe a desenvolver. Portanto, shamatha parece ser perfeitamente desenhada para oferecer justamente todas as qualidades necessárias para que você se torne um *expert* em sonho lúcido.

O principal motivo pelo qual esquecemos os sonhos é a interferência de outros conteúdos mentais competindo pela atenção; portanto, deixe que seu primeiro pensamento ao acordar seja: "O que eu estava sonhando?" Assim como os movimentos perturbam a estabilidade da atenção enquanto estamos meditando, eles também enfraquecem a coerência e a continuidade do sonho; portanto, assim que acordar não se mova. Redirecione sua atenção ao sonho do qual acabou de acordar, e veja se consegue deslizar para dentro dele de novo, plenamente consciente de que é um sonho.

Uma outra forma muito eficiente de se tornar proficiente em sonhos lúcidos é acordar uma hora mais cedo que o usual, permanecendo acordado durante trinta a sessenta minutos antes de voltar a dormir. Isso pode aumentar em vinte vezes a possibilidade de ter um sonho lúcido. À medida que se torna mais e mais hábil na sustentação da estabilidade e da vivacidade da sua atenção em todas as situações, durante e entre as sessões de meditação, na vigília ou durante o sono, você obtém um *insight* cada vez maior da natureza da consciência, enquanto progride ao longo do caminho de shamatha.

Os estágios mais avançados
Iluminando a consciência

Estágio 8
Atenção unifocada

Quando prosseguimos no cultivo sustentado de shamatha, alcançamos por fim o oitavo estágio, conhecido como *atenção unifocada*. Você alcançou um alto grau de unificação da atenção: para onde quer que você a direcione, sua atenção é coesa e altamente focada. A partir desse ponto, você pode fluir com o *momentum* da prática com pouco ou nenhum esforço. Agora você pode sustentar um alto grau de samadhi, ou atenção altamente focada, livre dos desequilíbrios e até mesmo da mais sutil lassidão e agitação, por pelo menos aproximadamente três horas. É necessário apenas um pequeno grau de esforço, no início de cada sessão, para evitar esses obstáculos, seguindo, então, na prática, motivado pelo poder do entusiasmo. Pela primeira vez, o fluxo da atenção prossegue sem qualquer interrupção por lassidão ou agitação e, no geral, a qualidade desse estado de samadhi é de quietude. Enquanto nos estágios anteriores os pensamentos involuntários surgiam como um riacho, fluindo lentamente através de um vale, agora a mente está calma, como um oceano que não é perturbado pelas ondas.

Se você desejar continuar estabelecendo a mente em seu estado natural, essa prática poderá levá-lo até a realização de shamatha. Mas agora eu devo apresentar uma prática alternativa, que você poderá achar até mais potente para aperfeiçoar o equilíbrio da atenção. Padmasambhava chamou essa técnica de cultivo de *shamatha sem sinal*. Nesse contexto, o termo *sinal* se refere a qualquer objeto de atenção que possa ser identificado dentro de uma estrutura conceitual. As sensações táteis da respiração são um sinal, bem como o espaço da mente e os eventos mentais que surgem dentro desse espaço. Em ambas as práticas a atenção é direcionada a um objeto diferente de si mesma, e a estabilidade e a vivacidade são cultivadas em relação a esse objeto.

Na prática de shamatha sem sinal a atenção não é direcionada *para* nada. Ela permanece em seu estado natural, simplesmente consciente da sua própria presença. Teoricamente, você poderia dizer que a consciência toma a si mesma como objeto. Mas, experiencialmente, essa prática consiste em não tomar nenhum objeto. Você simplesmente deixa que sua consciência repouse, sem qualquer referente, em sua própria luminosidade e cognição inatas. Embora Padmasambhava apresente essa prática como um método para atingir shamatha, ela é também um método eficiente para iluminar a natureza da própria consciência.

Nós sabemos – ou pelo menos *achamos* que sabemos – muitas coisas sobre nosso ambiente físico, sobre outras pessoas, nossos corpos, nossas mentes e nós mesmos. Mas, como comprovado várias vezes pelos cientistas nos últimos quatro séculos, muitas coisas sobre as quais acreditamos ter certo conhecimento acabam se revelando como ilusórias. Do que podemos estar absolutamente certos? Poucos cientistas reivindicariam tal certeza, até mesmo sobre suas descobertas mais rigorosamente testadas. Como foi observado por Descartes e outros filósofos no Oriente e Ocidente, a existência de um mundo físico, objetivo e independente pode ser colocada em questão. Talvez essa também seja uma ilusão. Essa é a premissa básica do idealismo filosófico. Por outro lado, muitos materialistas alegam que todas as nossas experiências mentais subjetivas são ilusórias, e a maioria dos cientistas cognitivos concluiu que nossa noção normal de um "eu" autônomo é uma ilusão. Mas, em meio a todas essas incertezas, eu proponho a existência de um tipo de conhecimento do qual podemos estar absolutamente certos: nossa percepção da presença da consciência. Mesmo que não estejamos certos de que exista um observador que possa ser discriminado – o eu –, não é razoável duvidar que a experiência consciente esteja ocorrendo. Sem ela, seria impossível até mesmo duvidar de nossa existência.

Essa é uma afirmação mais modesta do que a famosa máxima de Descartes: "Penso, logo existo". Os pensamentos ocorrem, mas isso não significa, necessariamente, que exista um agente separado chamado *eu*. Além do mais, ao cultivar shamatha, você descobre que existem situações em que os pensamentos estão ausentes. Mas ainda pode existir uma consciência dessa ausência, com ou sem um observador separado que está consciente dessa ausência. É também possível estar consciente de estar consciente. Imagine um experimento no qual você mergulha em um tanque de privação dos sentidos tão eficiente, que você perde toda a consciência sensorial de seu corpo e de seu ambiente físico. Tudo o que resta é o espaço da sua mente e os pensamentos, imagens, desejos, emoções, e assim por diante, surgindo nesse espaço. Agora imagine que esse espaço de consciência está vazio de todos os conteúdos. Mesmo sem sinal – um objeto que você possa identificar conceitualmente e para o qual possa dirigir sua atenção –, ainda pode existir uma consciência da pura luminosidade e da cognição de estar consciente. A mente ficou reduzida à sua natureza primária, um estado de vácuo relativo. Mas esse vazio ainda é iluminado pela consciência. E essa consciência é inata, quieta e vívida. As qualidades da atenção que você desenvolveu anteriormente através das práticas de shamatha já eram implícitas à natureza da própria consciência. Elas estavam apenas aguardando para serem reveladas.

A prática: Consciência da consciência

Depois de estabelecer seu corpo e sua mente em seus estados naturais, você pode simplesmente permanecer consciente de estar consciente. Você não precisa mergulhar em um tanque de privação sensorial, e sua mente não precisa estar totalmente silenciada. Você pode saber agora, com imediata certeza, que a consciência está presente e, sem nenhum outro objeto, pode cultivar a estabilidade da atenção e a vivacidade dessa consciência. Padmasambhava descreve assim essa maneira mais sutil de atingir shamatha:

> Fitando firmemente o espaço à sua frente, sem meditar sobre coisa alguma, concentre firmemente sua consciência, sem oscilações, no espaço diante de você. Aumente a estabilidade da atenção e então relaxe novamente. Em alguns momentos investigue: "O que é essa consciência que se concentra?" Concentre-se firmemente de novo, e verifique mais uma vez. Faça isso de maneira alternada. Ainda que haja algum problema de lassidão e letargia, isso irá dissipá-los...

> Lance seu olhar para baixo, suavemente relaxe sua mente e, sem ter qualquer objeto sobre o qual meditar, relaxe suavemente o corpo e a mente em seus estados naturais. Sem ter nada sobre o que meditar e sem qualquer modificação ou adulteração, repouse sua atenção sem oscilações em seu próprio estado natural, sua limpidez natural, suas próprias características, assim como ela é. Permaneça nesse estado de luminosidade, repousando sua mente, solta e livre. Alterne entre observar aquilo que está se concentrando internamente e aquilo que está liberando. Se for a mente, pergunte-se: "Quem é que libera a mente e concentra a mente?" Observe firmemente e relaxe novamente. Fazendo dessa forma, surgirá uma ótima estabilidade, e você poderá até mesmo identificar a consciência prístina...

> Se sentir que ficou confuso e desatento, você terá caído na lassidão, ou perdido a clareza. Resolva esse problema, intensifique sua percepção e mude a posição

do olhar. Se você se distrair ou se agitar, é importante baixar o olhar e soltar a consciência. Se surgir o samadhi em que não há nada sobre o que você possa afirmar: "Isso é meditação", e "Isso é conceituação", você terá deslizado para o torpor; portanto, medite alternando concentração e liberação, e reconheça quem está meditando. Ao fazer isso, reconheça as falhas de shamatha e elimine-as imediatamente[77].

Reflexões sobre a prática

Nas instruções acima, Padmasambhava desafia você a examinar a natureza da sua própria identidade como observador e como um agente que faz escolhas e age com base nelas. Além de apresentar isso como meio para atingir shamatha, o fato de você estar questionando e investigando a natureza da sua própria experiência sugere que essa também possa ser considerada uma prática de vipashyana ou *insight*.

Os cientistas cognitivos modernos também estão desafiando nossas premissas comuns sobre a natureza do "eu" e da volição, e a maioria deles chegou à conclusão de que a fonte da volição está no cérebro. Os budistas concordam que o cérebro influencia a volição, mas a neurobiologia ainda não apresentou nenhuma evidência convincente de que o cérebro seja a fonte da volição, especialmente se isso implicar que o cérebro seja o único responsável pela geração da volição. Os neurocientistas estudam apenas as causas físicas dos processos mentais, e é claro que não estão na posição de identificar quaisquer outros tipos de causas. Isso não significa que as causas não físicas não existam ou não possam existir. Os budistas estudam a mente, principalmente a partir de uma perspectiva introspectiva, identificando muitas causas de volição, e não há qualquer evidência de que sejam todas físicas.

---

77. PADMASAMBHAVA. *Natural Liberation*. Op. cit., p. 105-109.

A hipótese de que todas as volições funcionem por meio do cérebro, sem violar nenhuma lei física, é perfeitamente compatível com o budismo, mas isso não significa que tenhamos que aceitar o chamado princípio do fechamento, pelo qual não podem existir influências causais no mundo físico que não sejam, elas mesmas, físicas. A falha mais plausível do princípio do fechamento tem a ver com o Princípio de Incerteza Energia-tempo, de Heisenberg, segundo o qual as influências não físicas podem surgir durante breves momentos, sem violar o Princípio de Conservação da Massa-energia, e esses momentos podem levar a efeitos mensuráveis no macromundo[78]. Isso não prova que existam influências não físicas no mundo físico (Como poderiam os físicos detectá-las se existissem, já que dispõem de instrumentos para medir somente os fenômenos físicos?), porém indica que tais influências não violariam nenhuma das leis da física.

Em seu livro *The Illusion of Conscious Will* (A ilusão do arbítrio consciente), o neurocientista Daniel M. Wegner relata a pesquisa sobre os mecanismos do cérebro relacionados com a volição, com a premissa inicial de que apenas os processos físicos no cérebro geram todos os processos mentais. Como era de se esperar, ele chegou à seguinte conclusão: "Parece, a cada um de nós, que temos um arbítrio consciente. Parece que temos 'eus'. Parece que temos mentes. Parece que somos agentes. Parece que causamos o que fazemos... [É] sensato e absolutamente preciso chamar tudo isso de ilusão"[79].

A reivindicação de Wegner em fazer uma declaração "absolutamente precisa" sobre as interações corpo-mente parece especialmente ambiciosa diante da falta de conhecimento científico atual sobre como os eventos neurais influenciam os eventos

---

78. WALLACE, B.A. *The Taboo of Subjectivity*: Toward a New Science of Consciousness. Nova York: Oxford University Press, 2000, p. 142.

79. WEGNER, D.M. *The Illusion of Conscious Will*. Cambridge, MA: MIT Press, 2002, p. 341-342.

mentais e vice-versa. Mais ainda, a implicação imediata da sua declaração, na qual ele coloca todo o respaldo da autoridade científica, é de que ninguém é moralmente responsável por suas ações. Se essa for uma conclusão inevitável baseada nos fatos científicos inequivocamente aceitos, então precisaremos aplicá-la de maneira sensata ao nosso código legal e à nossa avaliação geral da conduta humana. Wegner, porém, saltou em direção a essa conclusão da plataforma de um amontoado de preconcepções materialistas que foram comumente aceitas por psicólogos e neurocientistas há mais de um século. Ele simplesmente encontrou uma evidência empírica limitada para substanciar uma premissa preexistente.

Numa analogia, considere um pesquisador que tenha medido apenas as vibrações criadas pelos instrumentos musicais enquanto uma orquestra tocava a Sinfonia Pastoral de Beethoven. Ele descobriria que antes que alguém pudesse ouvir alguma música, os instrumentos vibravam de determinadas maneiras; assim, ele poderia muito bem concluir que aquelas vibrações eram a única causa da sinfonia. O que ele teria deixado de fora dessa equação seria o papel do maestro, do compositor, as habilidades e estados emocionais dos músicos, o público etc. Apesar de estar correto quanto ao fato de as vibrações dos instrumentos desempenharem um papel importante na produção da música, sua abordagem eliminatória o teria cegado para uma miríade de outras influências, e ele estaria alheio ao fato de que muitas pessoas podem compor e tocar acordes em suas mentes sem que a vibração de instrumentos musicais exerça qualquer papel causal.

Os contemplativos budistas chegaram à conclusão de que, embora o cérebro *condicione* a mente e seja necessário para que surjam processos mentais específicos enquanto a consciência substrato estiver corporificada, a psique humana *emerge* desse fluxo subjacente de consciência que está presente nos corpos, vida após vida. Essa teoria é compatível com todo o conhecimento científico atual da mente e do cérebro e, portanto, não existe nada ilógico a respeito dela; tampouco, é uma proposta simplesmente baseada na fé, de acordo com os contemplativos budistas avançados. Algo que é puramente uma questão de fé religiosa ou de especulação psicológica, de acordo com os cientistas, pode ser uma hipótese experiencialmente confirmada pelos contemplativos budistas. A demarcação entre ciência e metafísica é determinada pelos limites da investigação experiencial, e não pela natureza ou por Deus.

O cultivo de shamatha é amplamente conhecido como um meio de determinar a natureza relativa da mente, também conhecida como consciência substrato, discutida no capítulo anterior. Mas, em alguns casos, como foi comentado por Padmasambhava, a prática de shamatha sem sinal pode ser suficiente para determinar a natureza da consciência prístina. Essa é uma prática caracterizada por uma profunda inatividade. Você *está* consciente de estar consciente, mas não está realmente *fazendo* nada. O ego independente e ilusório está temporariamente fora de ação, e para os indivíduos excepcionais que têm "pouca poeira em seus olhos", usando uma metáfora antiga, isso pode ser suficiente para penetrar a verdadeira natureza da mente e sua relação com a realidade como um todo.

Em contraste à consciência substrato, que pode ser vista como o estado fundamental relativo da mente, a consciência prístina (*rigpa* em tibetano e *vidya* em sânscrito) pode ser caracterizada como o estado fundamental absoluto da consciência. Também conhecida como consciência primordial (*jnana*), a realização dessa dimensão fundamental da consciência é o tema central da prática Dzogchen. Esse estado implica o estado mais baixo de atividade, com o maior potencial e o maior grau de liberdade possíveis da consciência. Indivisível da consciência primordial está o espaço absoluto dos fenômenos (*dharmadhatu*), que transcende a dualidade dos espaços interno e externo.

Desse espaço – não dual da consciência primordial – emergem todos os fenômenos que compõem o mundo que experienciamos. Todas as aparências dos espaços externo e interno, do tempo, matéria e consciência emergem do espaço absoluto dos fenômenos, consistindo de nada mais do que configurações desse espaço. No vácuo limitado e relativo do substrato – como no caso do sono profundo –, os eventos mentais específicos de um indivíduo emergem e se dissolvem de volta nesse espaço subjetivo da consciência. Mas todos os fenômenos através do tempo e do espaço emergem e se dissolvem de volta no absoluto espaço dos fenômenos – um vácuo infinito e atemporal. Embora o vácuo relativo do substrato possa ser determinado pelo cultivo de shamatha, esse vácuo absoluto é normalmente realizado apenas através do cultivo de vipashyana.

A realização experiencial do espaço absoluto pela consciência primordial transcende todas as distinções entre sujeito e objeto, mente e matéria e, na realidade, todas as palavras e conceitos. Esse *insight* não implica o encontro de um modo subjetivo da consciência com um espaço objetivo, mas, sim, a realização não dual da *união* intrínseca do espaço absoluto e da consciência primordial. Enquanto o espaço absoluto dos fenômenos é a natureza fundamental no mundo experienciado, a consciência primordial é a natureza fundamental da mente. Todas as distinções entre sujeito e objeto, mente e matéria, são consideradas meras fabricações conceituais.

A união entre o espaço absoluto e a consciência primordial é a Grande Perfeição, muitas vezes referida como "um só sabor" de todos os fenômenos. A consciência substrato pode ser chamada de um estado de vácuo relativo, ou falso, da consciência, pois é diferente do substrato que ela determina; ela é qualificada pelas experiências claramente definidas de bem-aventurança, luminosidade e não conceitualidade; ela é determinada quando a mente se recolhe do mundo externo; e limitada pelo tempo e pela causalidade – específicos para um determinado indivíduo. Portanto, apesar da sua vacuidade, ela tem uma estrutura interna. A união do absoluto espaço e da consciência primordial, por outro lado, é o vazio absoluto, ou verdadeiro. Apesar de ele, também, ser imbuído com as qualidades de bem-aventurança, luminosidade e não conceitualidade, essas não estão presentes como atributos distintos (como no caso na consciência substrato).

Quando a consciência substrato é realizada pelo atingimento de shamatha, as aflições mentais são apenas temporariamente suprimidas, mas como resultado da realização da consciência primordial, todas as aflições mentais (*klesha*) e obscurecimentos (*avarana*) são eliminados para sempre. Da mesma forma, a bem-aventurança, que é experienciada quando se repousa no estado fundamental relativo da consciência, é limitada e transitória, enquanto a bem-aventurança inconcebível, que é inata ao estado fundamental absoluto da consciência primordial, é ilimitada e eterna. Determinando a consciência substrato você realiza a natureza relativa da consciência individual, mas na realização da consciência primordial, o escopo da consciência se torna ilimitado. Da mesma forma, o potencial criativo da consciência, que é acessado através de shamatha, é limitado, enquanto aquilo que é revelado através do verdadeiro *insight* contemplativo supostamente não conhece limites. Assim, com relação ao estado fundamental absoluto da consciência, Buda declarou: "Todos os fenômenos são precedidos pela mente. Quando a mente é compreendida, todos os fenômenos são compreendidos. Colocando a mente sob controle, todas as coisas são colocadas sob controle"[80].

INTERLÚDIO: Ioga dos sonhos – Prática diurna

Observando rigorosamente tudo o que surge com atenção plena discriminativa, você terá consciência cada vez mais clara da

---

80. "Ratnameghasūtra". Apud ŚĀNTIDEVA, P.D.V. (ed.). *Śikṣāsamuccaya*. Darbhanga: Instituto Mithila, 1961, p. 68.

natureza da realidade no estado de vigília, que poderá, por sua vez, levá-lo à lucidez em seus sonhos. Na prática diurna em preparação para o sonho lúcido, você identificou os sinais de sonho e fez as verificações de estado para determinar se estava acordado ou sonhando. Na visão budista, todos nós que ainda não somos budas, ou seres despertos, estamos vivendo nossas vidas em um estado semelhante ao sonho. Portanto, a prática diurna apresentada neste interlúdio se destina a nos ajudar a realizar a natureza ilusória da realidade de vigília.

De acordo com a filosofia budista clássica – uma forma de pluralismo empírico –, fenômenos reais são aqueles que podem influenciar outros fenômenos e ser influenciados por eles de forma causal, enquanto que fenômenos irreais são aqueles que são meramente projetados conceitualmente sobre o mundo da experiência perceptual[81]. Existem três classes de fenômenos reais: (1) fenômenos materiais, que são compostos de partículas elementares, (2) fenômenos cognitivos, que apreendem objetos conscientemente, e (3) compostos abstratos, assim como tempo, justiça, instituições e pessoas. Os fenômenos irreais de fato existem, mas somente através de acordo convencional, não tendo eficácia causal própria. Estes incluem coisas como fronteiras entre países, propriedade e títulos. Essas são designações conceituais acordadas entre as comunidades de pessoas, e, portanto, existem para *elas*, mas não têm existência além desses acordos convencionais.

Além dessas convenções válidas, nós também projetamos conceitualmente coisas que não têm base alguma na realidade. Segundo a visão de mundo budista clássica, temos propensão a imaginar as coisas como sendo mais estáticas e duráveis do que realmente são. Dessa forma, confundimos o impermanente com o permanente. Nós também consideramos coisas como saúde, fama e prazeres sensoriais como fontes de felicidade, embora na

---

81. Este sistema da filosofia Sautrāntika está bem-apresentada em KLEIN, A.C. (trad.). *Knowing, Naming and Negation*. Ithaca, NY: Snow Lion, 1991.

realidade não sejam. Dessa forma, tomamos coisas que não são verdadeiramente satisfatórias como se fossem. E, em terceiro lugar, nós normalmente olhamos para coisas como "eu" ou "minhas" quando são, na realidade, apenas fenômenos, surgindo na dependência de causas e condições impessoais. Assim, confundimos as coisas que não são um "eu" independente, unitário e imutável e unitárias como sendo um "eu" ou pertencente a ele.

Quando usamos a atenção plena e o discernimento para observar todos os tipos de aparências perceptuais – material, mental e outras –, podemos começar a distinguir o que parece ser nossa experiência sensorial imediata das nossas projeções conceituais. Ao fazer isso, começamos a descobrir o quanto nossa experiência no estado de vigília é ilusória. Mas a "natureza semelhante ao sonho" do nosso mundo experienciado pode ser muito mais profunda do que isso. Nos *Sutras da Perfeição da Sabedoria*, Buda faz uma afirmação mais radical, de que o mundo da nossa experiência no estado de vigília não é fundamentalmente mais real do que um sonho. Em um sonho não lúcido, nós nos fixamos equivocadamente a todas as aparências objetivas e subjetivas como se fossem inerentemente reais, como se tivessem existência intrínseca. Da mesma forma, no estado de vigília normal (não lúcido), fazemos a mesma coisa, imaginando que o mundo físico está realmente "lá fora", existindo independentemente das nossas construções conceituais; e nos fixamos aos nossos pensamentos e outras experiências subjetivas como estando realmente "aqui dentro", existindo por sua própria natureza inerente. Em termos filosóficos, nós *reificamos* – ou seja, projetamos como uma existência independente e substancial – tudo que experienciamos enquanto estamos acordados e dormindo.

Todas as escolas da filosofia budista reconhecem o problema de procurar investigar um mundo que existe supostamente independente da mente que está procurando entendê-lo[82]. Na

---

82. LOY, D. *Nonduality*: a Study in Comparative Philosophy. New Haven: Yale University Press, 1988.

filosofia do "Caminho do Meio", ou Madhyamaka – que é para a filosofia clássica budista o que é a Teoria da Relatividade de Einstein para os físicos clássicos –, a realidade pode ser compreendida somente em relação às estruturas cognitivas específicas de referência[83]. Sujeito e objeto estão sempre inter-relacionados, e um não pode existir sem o outro, sugerindo um tipo de relatividade universal e ontológica. Tanto quanto Einstein refutou a noção de espaço absoluto, os Madhyamikas, ou defensores do Caminho do Meio, refutaram a existência de um mundo físico absolutamente objetivo, bem como de mentes absolutamente subjetivas. Nossas próprias noções de sujeito e objeto, de mente e matéria são construções conceituais criadas pelas mentes humanas, e não têm significado independente das nossas estruturas conceituais.

De acordo com a perspectiva Madhyamaka, todos os objetos conhecidos existem de forma relativa às estruturas de referências perceptuais e conceituais pelas quais são conhecidos. A cor vermelha percebida não existe independente da consciência visual dela, e nenhuma entidade postulada pela matemática e pela ciência – desde a geometria não euclidiana, supercordas, até constelações galácticas – existe independente das mentes que a conceberam. Os fenômenos são literalmente trazidos à existência na dependência das nossas designações conceituais deles.

Os fenômenos *parecem* existir inerente e independentemente das nossas estruturas conceituais, e nós, erroneamente, nos fixamos a eles como *existindo* tal como parecem. Mas isso simplesmente perpetua a "natureza semelhante ao sonho" de todos os tipos de experiência. Quando você se torna lúcido em um sonho, começa a reconhecer que as coisas não são como parecem ser e,

---

83. GARFIELD, J.L. (trad.). *The Fundamental Wisdom of the Middle Way*: Nāgārjuna's Mūlamadhyamakakārikā. Nova York: Oxford University Press, 1995. • LAMRIMPA, G. *Realizing Emptiness*: Madhyamaka Insight Meditation. Ithaca, NY: Snow Lion, 2002. • BITBOL, M. "A Cure for Metaphysical Illusions: Kant, quantum mechanics, and Madhyamaka". *Buddhism & Science*, op. cit., p. 325-358.

agora, seu desafio passa a ser a percepção do quanto as coisas no estado de vigília não são mais reais do que em um sonho.

A prática diurna da ioga dos sonhos

A prática diurna da ioga dos sonhos pode ser abordada, primeiramente, pela perspectiva da filosofia clássica budista e depois em termos da filosofia relativista do Caminho do Meio. Através da aplicação da atenção plena, considere "sinais de sonho" qualquer coisa que pareça ser permanente, absolutamente satisfatória e pertencente a um "eu" independente. Desperte para o fato de que você está confundindo suas projeções conceituais com o conteúdo imediato da experiência, e lembre-se da afirmação do Buda: "No que é visto há apenas o que é visto; no que é ouvido há apenas o que é ouvido; no que é sentido há apenas o que é sentido; e no que é mentalmente percebido há apenas o que é mentalmente percebido".

À medida que incorpora a visão do Caminho do Meio em sua prática diurna, você pode seguir as instruções de Padmasambhava:

> É dessa maneira: todos os fenômenos não existem [inerentemente], mas parecem existir e estão estabelecidos como várias coisas, assim como branco e vermelho. Aquilo que é impermanente é apreendido como permanente, e aquilo que não é verdadeiramente existente é apreendido como sendo verdadeiramente existente. Embora seja dito que essa causa do aprisionamento de todos os seres é como uma ilusão, devido à fixação à existência verdadeira das aparências enganosas, os fenômenos agora surgem como verdadeiramente existentes. Esses, originalmente, surgiram da insubstancialidade e agora, parecem, mesmo sem serem [inerentemente] existentes e, no final, se transformarão em nada. Considere que, uma vez que essas coisas, que são desprovidas de permanência, estabili-

dade ou imutabilidade, e não têm natureza inerente, são como ilusões[84].

Sempre que experienciar alguma coisa como se existisse independentemente da sua estrutura conceitual, reconheça sua natureza semelhante ao sonho e, dessa forma, poderá começar a se tornar lúcido durante o estado de vigília.

---

84. PADMASAMBHAVA. *Natural Liberation*. Op. cit., p. 142-143.

Estágio 9
Equilíbrio da atenção

Com o mínimo de esforço você avança do oitavo para o nono estágio do treinamento da atenção, conhecido como equilíbrio da atenção. Você é agora capaz de manter um samadhi perfeito, sem esforço e continuamente por, pelo menos, quatro horas. Pelo poder da profunda familiarização com esse treinamento, você é capaz de entrar em equilíbrio meditativo, livre até mesmo dos traços mais sutis de lassidão e agitação. Isso não quer dizer que sua atenção esteja irreversivelmente equilibrada. Se, por alguma razão, interromper a prática, descobrirá que a lassidão e a agitação corroerão o equilíbrio da sua atenção. Elas não foram irreversivelmente eliminadas. Mas, se continuar tendo um estilo de vida contemplativo e manter sua atenção afiada através da prática regular, esse grau maravilhoso de sanidade pode ser seu por toda a vida.

Para alcançar esse ponto serão necessários, certamente, muitos meses, ou até mesmo alguns anos de prática contínua e em tempo integral. Você nunca terá sucesso se trabalhar nisso apenas por breves períodos de tempo, ainda que intensivamente, interrompendo continuamente a prática. Da mesma forma, os estágios mais elevados da prática de shamatha não serão alcançados fazendo muitos retiros breves, com duração de semanas ou alguns meses de cada vez. É necessária uma prática contínua, sem interrupções. Não existem atalhos.

Os contemplativos que alcançaram esse nono estágio do equilíbrio da atenção descrevem a qualidade dessa experiência de maneira simples como "perfeição". A mente chegou a um grau ainda mais profundo de quietude e serenidade, comparado agora ao Monte Meru, o rei das montanhas. Seria compreensível concluir que você agora tenha atingido shamatha plenamente. Você está quase lá!

A prática: consciência sem objeto

Aqui temos instruções fundamentais de Padmasambhava sobre a prática de shamatha sem nenhum outro objeto além da própria consciência:

> Direcione seus olhos para o espaço à sua frente, sem qualquer foco específico. Veja que os pensamentos pertencentes ao passado, futuro e presente, bem como os pensamentos virtuosos, não virtuosos e eticamente neutros, juntamente com todas as causas, construções e dispersões de pensamentos foram completamente eliminados. Não traga conceito algum à mente. Deixe a mente, como um céu sem nuvens, clara, vazia e uniformemente destituída de qualquer fixação; e estabeleça a mente em absoluta vacuidade. Fazer isso intensifica a quietude da alegria, luminosidade e não conceitualidade. Examine se ocorre ou não o surgimento de apego, ódio, agarramento, fixação, lassidão ou agitação, e reconheça a diferença entre virtudes e vícios.

Reflexões sobre a prática

Embora todas as escolas do budismo tibetano adotem a mesma perspectiva filosófica básica, o entendimento da consciência primordial é uma área de constante debate. A diferença está em ver a consciência iluminada como algo a ser cultivado ou como algo a ser meramente descoberto. Esse debate tem implicações práticas para a meditação da atenção.

As tradições Dzogchen e Mahamudra, mais fortemente associadas às ordens de Nyingma e Kagyü do budismo tibetano, respectivamente, veem a consciência primordial como um estado perfeitamente iluminado da consciência que já está presente, porém obscurecido pelas aflições mentais e outros obstáculos. Uma vez que se crê que todas as qualidades da consciência primordial, ou natureza de buda, estão implícitas na consciência humana comum, os graus excepcionais de estabilidade da atenção são também considerados inatos à natureza da própria consciência. Em última análise, essas qualidades não precisam ser desenvolvidas; elas estão aguardando para serem descobertas, e a prática acima é precisamente concebida para fazer isso.

A ordens de Geluk e Sakya do budismo tibetano geralmente consideram a natureza de buda como nosso *potencial* para atingirmos a iluminação, mas a mente precisa ser desenvolvida de várias formas para poder alcançar as qualidades incomensuráveis de sabedoria, compaixão e criatividade de um buda. Da mesma forma, as ordens Geluk e Sakya geralmente enfatizam as técnicas de shamatha visando desenvolver a estabilidade e vivacidade, focando a mente em "sinais", ou objetos de meditação.

No entanto, assim como os lamas Nyingma e Kagyü frequentemente ensinam uma variedade de técnicas de shamatha usando sinais, também os lamas Geluk e Sakya reconhecem o valor de praticar shamatha repousando a consciência em sua própria natureza. Portanto, as distinções não deveriam ser concebidas de forma muito rígida. Tsongkhapa, o fundador da ordem Geluk do século XV, descreve essa prática da seguinte maneira:

> No cultivo da atenção não conceitual simples, sem focar em objeto algum, como uma deidade por exemplo, tome a resolução: "Vou estabelecer minha mente sem pensar sobre objeto algum". Então, sem deixar que a atenção se torne dispersa, evite a distração[85].

O Primeiro Panchen Lama, também da ordem Geluk, descreve essa prática da seguinte maneira:

---

85. TSONGKHAPA. *Small Exposition of the Stages of the Path*.

Seja implacável em relação à ideação, e cada vez que observar a natureza de qualquer ideação surgir, esses pensamentos desaparecerão por si próprios e, logo a seguir, uma vacuidade surgirá. Da mesma forma, se você examinar a mente também enquanto permanece sem flutuação, verá uma vacuidade vívida, clara e desobstruída, sem diferença alguma entre o estado anterior e o posterior. Entre os meditadores isso é aclamado e chamado de "fusão da quietude com a dispersão"[86].

Finalmente, o falecido mestre Sakya, Deshung Rinpoche, em sua discussão sobre a questão "É 'natural' não ser natural?", explica essa prática da seguinte forma:

Medite da seguinte maneira: sente-se na postura correta de meditação e seja o mais natural possível. Permaneça no presente, sem focar nem o passado e nem o futuro. Sentando-se dessa forma, você verá que é "natural" não ser natural. Os pensamentos surgem. O ponto é não ser vitimado por esses pensamentos – simplesmente deixe que passem e repouse no aspecto claro da mente. Dessa forma, por fim, você obterá o *insight*; posteriormente, você desenvolverá esse *insight* de maneira estável e o manterá, até mesmo quando estiver envolvido em outras atividades. Desse ponto em diante, você não se perderá da compreensão da vacuidade dos fenômenos[87].

Na descrição acima, da prática de repousar no aspecto claro da mente, Deshung Rinpoche afirma que essa prática pode levar

---

86. Esta é uma citação da seção "Sems gnas p'ai thabs" do seu *Dge ldan bka' brgyud rin po che'i bka' srol phyag rgya chen po'i rtsa ba rgyas par bshad pa yang gsal sgron me*. Cf. RABTEN, G. *Echoes of voidness*. Londres: Wisdom, 1986, p. 113-128 [Trad. e ed. de Stephen Batchelor].

87. RINPOCHE, D. *The Three Levels of Spiritual Perception*. Boston: Wisdom, 2003, p. 427 [Trad. de Jared Rhoton].

à realização da vacuidade, à natureza absoluta dos fenômenos. E, em sua explicação da prática de shamatha sem sinal, Padmasambhava comenta que, meditando dessa forma, podemos chegar a identificar a consciência prístina. É necessário enfatizar, contudo, que somente em casos raros a prática de shamatha de qualquer tipo produz *insight* sobre a vacuidade ou sobre a consciência prístina. O objetivo da meditação de shamatha é desenvolver ou revelar a estabilidade e a vivacidade da atenção. É como desenvolver um telescópio para a observação precisa e profunda dos fenômenos mentais, incluindo a natureza da própria consciência. Dessa forma, shamatha pode ser vista como uma "tecnologia contemplativa", enquanto a prática de vipashyana seria um tipo de "ciência contemplativa". A sequência shamatha-vipashyana faz perfeito sentido: primeiro, refine seus poderes de atenção, depois use-os para explorar e purificar a mente, que pode ser examinada diretamente através da observação em primeira pessoa.

Buda enfatizou essa sequência inúmeras vezes, como quando levantou a questão: "Monges, qual é a condição suficiente para o conhecimento e a visão das coisas como realmente são?", e respondeu: "A resposta deveria ser: 'Concentração' (*samadhi*)"[88]. Kamalashila repetiu esse mesmo tema quando escreveu: "Pelo fato de a mente se mover como um rio, ela não permanece estacionária sem a fundação da quietude. A mente que não é estabelecida no equilíbrio é incapaz de conhecer a realidade. Buda também declarou: 'A mente que é estabelecida na quietude acaba conhecendo a realidade como ela é'"[89]. E Śāntideva falou em nome de toda a tradição Mahayana quando declarou: "Compreendendo que aquele que realiza o *insight* por intermédio de

---

88. *Saṃyutta Nikāya* II, p. 30.
89. KAMALAŚĪLA. "First Bhāvanākrama". In: TUCCI, G. (ed.). *Minor Buddhist Texts*. Part II. Roma, 1958, p. 205.

shamatha erradica as aflições mentais, [o praticante] deveria primeiro buscar shamatha"[90].

Muitos alunos do budismo tibetano recebem ensinamentos sobre práticas religiosas preliminares (*ngöndro*) à meditação tântrica e são encorajados a se concentrar nelas até completá-las. Isso levanta a questão: Seria melhor alcançar shamatha primeiro e depois se empenhar nessas práticas preliminares, ou vice-versa? A vantagem de atingir shamatha primeiro é que você poderá aplicar sua atenção bastante refinada às preliminares, acentuando imensamente a eficácia dessas práticas. Por outro lado, se você completar as preliminares primeiro, isso purificará sua mente e você enfrentará poucos obstáculos na prática de shamatha. O falecido Kalu Rinpoche, um eminente mestre em meditação na tradição Kagyü, respondeu que a realização de shamatha é essencial, porém qualquer uma das sequências acima pode ser seguida, dependendo da sua própria inclinação pessoal[91].

Considerando o consenso bastante difundido em relação ao papel de shamatha na prática contemplativa budista, seria de se esperar que ela fosse amplamente praticada e que muitas pessoas a tivessem realizado. Curiosamente, já há muito tempo, tem havido uma tendência entre os contemplativos budistas tibetanos de marginalizar shamatha em favor de práticas mais avançadas. Tsongkhapa comentou sobre esse equívoco no século XV quando disse: "Parece existir poucas pessoas que alcançam até mesmo shamatha"[92], e Düdjom Lingpa comentou quatro séculos depois: "Entre as pessoas não refinadas desta era de degenerescência, muito poucas parecem atingir mais do que uma estabilidade transitória"[93].

---

90. ŚĀNTIDEVA. *A Guide to the Bodhisattva Way of Life*. Op. cit., VIII, p. 4.

91. Palestra sobre Mahamudra no San Francisco Zen Center, 1976.

92. WALLACE, B.A. *Balancing the Mind*. Op. cit., p. 218.

93. LINGPA, D. *The Vajra Essence*. Op. cit., p. 20.

Em inúmeras conversas com reclusos experientes e com Sua Santidade o Dalai Lama, tentei descobrir se essa declaração tinha algum fundo de verdade nos dias de hoje. O consenso é de que a verdadeira realização de shamatha nos dias de hoje, entre os contemplativos budistas tibetanos, tanto no Tibete como aqueles vivendo no exílio, não é ignorada, mas é excepcionalmente rara.

O acadêmico e contemplativo natural do Sri Lanka, Balangoda Anandamaitreya, disse-me certa vez que, apesar de existirem centenas de meditadores budistas em inúmeros monastérios espalhados por todo o seu país, apenas uma pequena percentagem havia conseguido alcançar a genuína shamatha. A maioria tem se concentrado quase que inteiramente na prática de vipashyana, algumas vezes excluindo shamatha completamente.

A prática de shamatha é anterior ao Buda, mas alguns budistas a rejeitam, baseados no fato de que a prática de shamatha, por si só, não libera a mente. Alguns budistas Mahayana marginalizam a prática de shamatha, afirmando que ela faz parte do budismo Theravada, considerado um "veículo inferior" da prática espiritual. E há budistas tibetanos que também a desconsideram em favor de práticas tântricas mais esotéricas. Em todos esses casos, tais pessoas desconsideram os ensinamentos do Buda, assim como da maioria dos contemplativos mais reconhecidos em suas próprias tradições.

A realização de shamatha não significa que você tenha realizado a vacuidade, o *insight* fundamental necessário para a liberação budista. E a realização da vacuidade não significa que você tenha reconhecido a consciência prístina. Você pode, de fato, obter algum *insight* sobre a vacuidade sem ter atingido shamatha, mas essa realização não será duradoura e nem capaz de purificar totalmente sua mente e suas tendências aflitivas. Da mesma forma, você pode receber "instruções que apontam a natureza da mente", que poderão fazer com que você experiencie a consciência prístina, mas se não cultivar profundamente a estabilidade e a vivacidade da atenção, é improvável que seja capaz de sustentar essa experiência.

INTERLÚDIO: Ioga dos sonhos – Prática noturna

Quando os contemplativos experientes em ioga dos sonhos entram em um sonho lúcido, eles podem ter a satisfação de saber que tudo naquela experiência consiste dos tipos de fenômenos que desejam estudar; todos consistem de consciência. Um sonho lúcido é um laboratório perfeito para estudar a mente em primeira pessoa. Para garantir que suas pesquisas sejam bem-conduzidas, vários fatores precisam ser levados em consideração: (1) os pesquisadores precisam manter um modo de vida ético que apoie o cultivo do equilíbrio mental e do *insight* contemplativo; (2) eles precisam desenvolver graus aprimorados de equilíbrio mental, especialmente shamatha, para que estejam equipados de maneira apropriada para explorar a natureza da consciência experiencialmente; e (3) precisam saber como investigar a mente de forma rigorosa usando os métodos de vipashyana e outras formas de investigação contemplativa.

O primeiro passo na prática noturna da ioga dos sonhos é reconhecer o sonho e manter a estabilidade e a vivacidade desse reconhecimento. O segundo passo é praticar a transformação dos conteúdos do sonho de duas formas, tanto em termos da sua própria presença no sonho quanto em termos de tudo que "objetivamente" se apresenta para você. Apesar de estar lúcido, reconhecendo o estado de sonho pelo que ele é, os fenômenos no sonho ainda se apresentam como se existissem "por si mesmos", independentes da sua experiência e da sua estrutura conceitual.

Quando olha para uma parede, por exemplo, você a vê como algo firme e duro e, se tocá-la, essa percepção será confirmada. Porém, a parede do seu sonho não consiste de nenhuma configuração de massa-energia. Nem a parede e nem seu corpo de sonho têm densidade atômica, e, portanto, não deveria haver razão alguma que justificasse você não conseguir atravessá-la. No entanto, a maioria dos sonhadores lúcidos tem muita dificuldade para atravessar paredes, pelo menos nas primeiras tentativas. Apesar de "saberem" que a parede não tem existência objetiva, separada de sua própria experiência dela, eles não conseguem atravessá-la. Alguns descobriram engenhosamente que conseguem atravessar a parede andando de costas. Um outro comentou que, quando tentou pela primeira vez, conseguiu chegar até o meio da parede e ficou "entalado", como se ali existisse uma substância gelatinosa. Muitos sonhadores lúcidos acham que é relativamente fácil voar, porém andar sobre a água e se mover através de objetos sólidos pode ser mais desafiador. Nessa fase da ioga dos sonhos, você deve continuar trabalhando na transformação de todos os tipos de fenômenos do sonho, explorando se existe algo que seja objetivamente resistente aos poderes da sua imaginação. Dessa forma, você começa a compreender mais profundamente a natureza da consciência do sonho e seus poderes criativos.

O engajamento prolongado nessa prática poderá catalisar a ocorrência de pesadelos. No terceiro estágio da ioga dos sonhos, quando você encontrar coisas e situações horríveis, sua tarefa não é transformá-las, mas, sim, se render a elas com total consciência de que nada no sonho poderá causar mal algum. Isso é análogo à prática anterior de estabelecer a mente em seu estado natural, quando você reconhece que nada pode causar dano algum à sua mente, independentemente de os pensamentos haverem ou não cessado. Sua própria presença no sonho e tudo o mais consistem de manifestações ilusórias da consciência, e desde que não as reifique – tomando-as como mais reais e substanciais do que realmente são –, nada poderá lhe causar mal algum.

Em um estágio mais avançado da ioga dos sonhos, você libera o sonho deixando que desapareça de volta no espaço da mente, repousando na consciência luminosa e silenciosa da própria consciência, destituída de qualquer outro conteúdo. Esse é o estado do sono sem sonho lúcido, e, nesse estado, você poderá apreender a consciência substrato e até, possivelmente, a consciência prístina. Para isso, a prática diurna de shamatha sem sinal é uma excelente preparação.

A tradição budista tibetana vê os processos de (1) adormecer, (2) sonhar e (3) acordar como correspondentes aos processos de (1) morrer, (2) passar através do estado intermediário (*bardo*) entre a morte e o próximo nascimento e (3) renascer. Dessa forma, cada ciclo de dia e noite é um microcosmo do ciclo completo de morte e renascimento. Por isso, a principal razão da prática de ioga dos sonhos dos budistas tibetanos é prepará-los para o estado intermediário, que se diz ter uma qualidade semelhante ao sonho. Se você não identificar o estado intermediário pelo que ele é, responderá aos eventos nesse período de transição como de hábito, como em um sonho não lúcido. Mas, se identificar o estado intermediário e mantiver uma consciência clara da natureza dessa fase da existência, você acessará todas as dimensões da liberdade, como em um sonho lúcido. Dessa forma, você pode prosseguir no caminho do despertar espiritual em todos os estados de consciência – durante o dia, enquanto estiver meditando, no sono sem sonho e enquanto estiver sonhando. Você terá transformado toda sua existência em prática espiritual.

A prática noturna da ioga dos sonhos

Para as instruções sobre a prática noturna da ioga dos sonhos vamos retornar, mais uma vez, aos ensinamentos de Padmasambhava:

> Deite-se na postura do "leão adormecido" e faça brotar uma poderosa aspiração de identificar o estado de sonho como estado de sonho; e, enquanto faz isso, adormeça sem ser interrompido por qualquer outro pensamento. Mesmo que não consiga apreendê-lo na primeira tentativa, repita isso muitas vezes, fazendo-o fervorosamente, com uma forte aspiração. Pela ma-

nhã, quando acordar, pondere de maneira enérgica e clara: "Nenhum dos sonhos que tive na noite passada ainda permanece quando acordo pela manhã. Da mesma forma, nenhuma dessas aparências diurnas surgirá hoje à noite em meus sonhos. Não existe diferença alguma entre os sonhos do dia e os da noite; portanto, são ilusões, são sonhos..."

Inicialmente existirão mais sonhos, depois ficarão mais claros e, portanto, serão apreendidos. Quando surgir uma circunstância assustadora, ficará fácil reconhecer: "Isso é um sonho". É difícil apreender espontaneamente, mas se for apreendido, será estável...

Enquanto apreende o estado de sonho, pondere: "Já que este agora é um corpo de sonho, poderá ser transformado conforme desejar". Independentemente do que surgir no sonho: aparições demoníacas, macacos, pessoas, cães, e assim por diante, pratique multiplicando-os através da emanação, e transformando-os em qualquer coisa que desejar...

Vendo através do sonho: Apreenda o estado de sonho e vá para as margens de um grande rio. Pondere: "Já que sou um corpo mental de um sonho, não há coisa alguma para o rio carregar". E, pulando no rio, você será levado por uma corrente de bem-aventurança e vacuidade. Inicialmente, por causa da fixação a si mesmo, você não ousará fazê-lo, mas isso não acontecerá quando já tiver se acostumado. Da mesma forma, vendo através de todas as coisas tais como fogo, precipícios e animais carnívoros, todos os medos surgirão como samadhi...

Deite-se na postura do "leão adormecido", com a cabeça apontando para o norte. Prenda levemente a respiração, curve seu pescoço e lance o olhar firmemente para cima. Foque sua atenção de forma clara e vívida na visualização de uma esfera de luz branca no seu coração. Com a consciência clara e vívida na natureza da luz, adormeça. No estado de sonho, a clara luz da consciência surgirá como a essência de espaço límpido, claro e vazio, livre do intelecto[94].

Na postura do "leão adormecido" você se deita sobre o seu lado direito, com a mão direita embaixo da bochecha direita, e a mão esquerda repousando sobre a coxa esquerda. Diz-se que essa é a postura na qual Buda faleceu, e tem sido fortemente recomendada desde então como uma postura adequada para adormecer com lucidez.

De acordo com o budismo tibetano, as aparências no sonho surgem da consciência substrato e nela desaparecem. Uma vez que todas são formações da sua própria consciência, sem qualquer restrição imposta pelos estímulos sensoriais do mundo físico, elas podem ser transformadas à vontade, mas somente se você reconhecer plenamente que está sonhando. A maioria de nós supõe estar lúcida – claramente consciente da natureza da nossa existência – no estado de vigília, mas em comparação com o Buda, somos sonâmbulos, movendo-nos através da vida e da morte em um sonho não lúcido. De acordo com a visão Dzogchen, tudo que há no universo inteiro consiste de fenômenos que surgem da união primordial entre a consciência prístina e o espaço absoluto dos fenômenos. Se observarmos a realidade por essa perspectiva, em vez do ponto de vista limitado de uma psique humana, o mundo inteiro surgirá como um sonho, e nós seremos os sonhadores. O potencial de liberdade para aqueles que estão verdadeiramente despertos é infinito.

---

94. PADMASAMBHAVA. *Natural Liberation*. Op. cit., p. 152-162.

Estágio 10
Shamatha

Após a realização do nono estágio do equilíbrio da atenção, e depois de meses ou anos de prática contínua em tempo integral, você está agora preparado para atingir shamatha. Os nove estágios precedentes implicaram muitas mudanças graduais, mas a realização completa de shamatha envolve uma transformação radical em seu corpo e em sua mente. Você se sentirá como uma borboleta emergindo do seu casulo. Essa mudança é caracterizada por experiências específicas que acontecem dentro de um período determinado e relativamente curto de tempo.

De acordo com relatos da tradição indo-tibetana do budismo, o primeiro sinal da realização de shamatha é uma sensação de peso e dormência no topo da cabeça. Isso acontece, supostamente, com todos aqueles que passam por essa transição, independentemente do método específico seguido. Diz-se que essa sensação é como se alguém colocasse a palma da mão no topo da sua cabeça raspada. Não é desagradável e nem prejudicial, apenas incomum.

Algo notável deve estar acontecendo na região cortical do seu cérebro nesse momento; porém, até agora, ninguém monitorou os correlatos do cérebro dessa mudança, usando ressonância magnética ou eletroencefalografia. Essa sensação física no topo da cabeça é um sintoma de uma mudança em seu sistema nervoso (ou rede de energias vitais) que está correlacionada à libertação da disfunção mental (*daushtulya*), um estado geral de desequilíbrio mental caracterizado por uma obstinação, rigidez e dificuldades no manejo das coisas. Consequentemente, você alcança um estado de maleabilidade mental (*prashrabdhi*), em que sua mente está saudável e dócil como nunca.

De acordo com a perspectiva contemplativa, quando a mente é disfuncional, ou propensa à lassidão e agitação, fica difícil gerar entusiasmo para a cura das aflições da própria mente ou para se dedicar a uma atividade mental virtuosa. Uma vez livre de tal disfunção mental, você poderá focar a mente, sem resistência, em qualquer objeto ou tarefa significativa, e a mente estará saudável ou funcional. Essa é a chave para alcançar a *performance* mental ideal.

Depois dessa sensação de pressão no topo da cabeça, você sente as energias vitais se movendo e, após terem percorrido todo o corpo, sente como se estivesse preenchido pelo poder dessa energia dinâmica. Agora você está livre da disfunção física e, portanto, sente seu corpo mais leve do que nunca, como se pudesse flutuar. Seu corpo e sua mente estão, nesse momento, imbuídos com um grau excepcional de maleabilidade, o que os torna notavelmente aptos para o engajamento em todos os tipos de treinamento mental e de outras atividades significativas.

Logo que essa maleabilidade física surge, as energias vitais catalisam uma sensação extraordinária de bem-aventurança física que, por sua vez, provoca uma experiência igualmente excepcional de bem-aventurança mental. Essa torrente de êxtase físico e mental é transitória, o que é bom, porque captura a atenção de tal forma, que não resta outra opção a não ser apreciá-la. Aos poucos ela diminui, deixando-o livre da turbulência causada por essa intensa alegria. Sua atenção se estabelece em perfeita estabilidade e vivacidade. Você, enfim, atingiu shamatha.

Padmasambhava descreveu esse estado da seguinte maneira:
> A shamatha, livre de falhas, é como uma lamparina que não se move com o vento. Onde quer que a consciência seja posicionada, ela estará presente sem oscilações; a consciência estará vividamente clara, sem

se deixar manchar pela lassidão, letargia ou obscurecimento; para onde quer que a consciência seja dirigida, ela estará firme e agudamente focada; imóvel e, apesar dos pensamentos adventícios, é firme. Assim, um estado meditativo sem falhas surge no seu fluxo mental; até que isso aconteça é importante que a mente seja estabelecida em seu estado natural. Se a shamatha genuína não surgir em seu fluxo mental, ainda que a sabedoria primordial seja direcionada, ela não será nada mais do que um objeto de compreensão intelectual. Dessa forma, você apenas repetirá a visão da boca para fora, e haverá o perigo de sucumbir ao dogmatismo. Assim, a raiz de todos os estados meditativos depende disso; portanto, não seja introduzido à consciência prístina cedo demais, mas pratique até que surja uma boa experiência de estabilidade[95].

A tradição Theravada descreve a realização de shamatha especificamente através da atenção plena à respiração; inicie essa prática, como descrito anteriormente, concentrando-se nas sensações táteis da respiração, que são o "sinal" para a prática preliminar (*parikamma-nimitta*). Ao final, mude sua atenção para o sinal adquirido (*uggaha-nimitta*) da respiração, que se torna seu objeto meditativo até que alcance shamatha; nesse momento, um terceiro sinal aparecerá espontaneamente. Esse é chamado de sinal de contrapartida (*patibhaga-nimitta*) da respiração, que é uma representação emblemática e sutil da qualidade essencial do elemento ar[96]. Buddhaghosa descreveu esse sinal da seguinte maneira:

> O sinal de contrapartida surge como se estivesse brotando do sinal adquirido, e cem mil vezes mais purificado, como um disco de espelho retirado de seu

---

95. Ibid., p. 113-114.

96. VAJIRAÑĀṆA, P. *Buddhist Meditation in Theory and Practice*. Op. cit., p. 145.

estojo, como um prato de madrepérola bem-lavado, como a lua saindo de trás de uma nuvem, como grandes garças atravessando uma nuvem de tempestade. Porém, ele não tem cor e nem forma... ele nasce somente na consciência daquele que obteve concentração, sendo um mero exemplo de aparência[97].

No budismo, todos os estados comuns da consciência humana, no estado de vigília ou durante o sono, pertencem ao *reino dos desejos*, assim chamado por ser uma dimensão de consciência dominada por desejos sensoriais. Todos os nove estágios que levam à realização de shamatha também pertencem a esse reino, e só depois de alcançar a maleabilidade física e mental de shamatha você tem acesso ao *reino da forma*. Essa é uma dimensão sutil da consciência que transcende o reino dos sentidos físicos, semelhante em alguns aspectos ao mundo das ideias puras, vislumbrado por Platão, ou ao mundo arquetípico proposto por Jung. Quando a consciência ganha acesso ao reino da forma, ela continua sendo estruturada por conceitos bastante sutis que se originam de uma fonte mais profunda que a psique humana. Os budistas Theravada discutem uma variedade de sinais de contrapartida que são percebidos quando se ganha acesso ao reino da forma. Esses sinais incluem representações arquetípicas purificadas dos fenômenos experienciados no reino do desejo: os elementos de solidez, fluidez, calor, motilidade, as quatro cores – azul, amarelo, vermelho e branco –, luz e espaço.

A realização inicial de shamatha é descrita como *preliminar* ou como o *acesso* à realização plena da primeira estabilização meditativa (*dhyana*). Buda declarou que, com o atingimento da primeira estabilização meditativa, a pessoa fica temporariamente livre, pela primeira vez, dos cinco tipos de obstrução (*avarana*), ou obscurecimento (*nivarana*), que perturbam o equilíbrio da mente[98]. Esses

---

97. BUDDHAGHOSA. *The Path of Purification*. Op. cit., IV, p. 31.

98. *Majjihima Nikāya* I, p. 294-295.

obscurecimentos são: (1) desejos sensoriais ardentes, (2) hostilidade, (3) letargia e sonolência, (4) agitação e ansiedade e (5) incerteza. Buddhaghosa comentou que, assim que surge o sinal de contrapartida, os obscurecimentos são suprimidos, as máculas desaparecem e a mente fica focada no acesso à concentração[99].

Quando você ganha, pela primeira vez, a maleabilidade física e mental associada à liberação desses obscurecimentos, experiencia uma torrente de bem-aventurança que aparenta ser um sintoma de um nível de saúde mental sem precedentes. O Buda estava provavelmente se referindo a essa bem-aventurança como uma condição suficiente, ou como um catalisador imediato, para a obtenção do samadhi[100]. Aqui está um de seus discursos mais detalhados sobre essa experiência[101]:

> Separada dos prazeres dos sentidos, separada dos estados não virtuosos da mente, a pessoa obtém e permanece na primeira estabilização, que é acompanhada da investigação grosseira e investigação precisa, originada do isolamento, e é plena de alegria e bem-aventurança. E o corpo é encharcado, completamente preenchido e permeado por alegria e bem-aventurança, originadas do isolamento, de forma tal que não exista uma só parte em seu corpo que não seja impregnada por ela.

Com a realização do acesso à primeira estabilização, surgem cinco fatores mentais associados a esse nível de samadhi que neutralizam diretamente os cinco obscurecimentos:

1) O fator da *investigação grosseira*, que neutraliza os obscurecimentos combinados da *letargia* e *sonolência*.

2) O fator da *investigação precisa*, que neutraliza os obscurecimentos da *incerteza*.

---

99. BUDDHAGHOSA. *The Path of Purification*. Op. cit., IV, p. 31.

100. *Saṃyutta Nikāya* II, p. 30.

101. *Dīgha Nikāya* I, p. 73-74.

3) O fator do *bem-estar*, que neutraliza os obstáculos da *hostilidade*.

4) O fator da *bem-aventurança*, que neutraliza os obstáculos combinados da *agitação e ansiedade*.

5) O fator da *atenção unifocada*, que neutraliza os *desejos sensoriais ardentes*.

A beleza disso é que os fatores mentais de cura, capazes de neutralizar os obstáculos ao equilíbrio mental, emergirão naturalmente por meio do próprio processo de estabilização da mente. A prática de shamatha revela a capacidade profunda de autocura da mente.

Uma diferença significativa entre o acesso à primeira estabilização e o estado verdadeiro dessa estabilização é que, no primeiro, você obtém apenas uma tênue liberdade frente aos cinco obscurecimentos, enquanto que, no último, sua imunidade a eles é mais forte. Existe uma diferença semelhante na estabilidade dos cinco fatores de estabilização e uma diferença correspondente ao tempo em que você pode permanecer imerso em tais estados sublimes de atenção focada. Com o acesso à primeira estabilização você pode, sem esforço algum, permanecer em samadhi por, pelo menos, quatro horas, sem a menor perturbação por lassidão ou agitação sutil. Mas quando realmente se atinge o estado verdadeiro da primeira estabilização, o samadhi pode ser mantido, de acordo com Buddhaghosa, "por uma noite e um dia inteiros, da mesma forma que um homem saudável, levantando de seu assento, pode ficar em pé durante um dia inteiro"[102].

Devido à profunda estabilidade da atenção, você pode sentir como se seu sono estivesse inundado pelo samadhi e por muitos sonhos puros. A sensação de vivacidade da atenção se torna tão grande, que você sente que pode contar os átomos dos pilares e das paredes da sua casa, e a atenção permanece altamente focada durante todas as suas atividades diárias. Esses graus excepcionais

---

102. BUDDHAGHOSA. *The Path of Purification*. Op. cit., p. 126.

de estabilidade e vivacidade da consciência prosseguem, em grau considerável, quando você sai da prática de meditação e se envolve em seus assuntos cotidianos, quando sua mente retorna ao reino do desejo. Quando sua mente se desengaja da atividade, ela retorna naturalmente a um estado de consciência semelhante ao espaço, e a maleabilidade física e mental surge prontamente.

O efeito mais importante de shamatha, que persiste entre as sessões de meditação, é uma liberdade relativa e temporária dos pensamentos e emoções aflitivas. Não que eles não surjam mais, mas eles ocorrem com menor frequência, menor intensidade e por períodos de tempo cada vez mais curtos. Você está, em especial, livre dos cinco obscurecimentos, contanto que não perca o equilíbrio da atenção. Entre as sessões de meditação, você mantém um grau excepcional de ambos os tipos de maleabilidade e bem-estar, que o torna naturalmente inclinado a agir de maneira virtuosa. Os praticantes experientes de shamatha comentam que, devido ao bem-estar corporal, você não tem mais a sensação de peso ou desconforto físico, sua coluna permanece "ereta como um pilar de ouro", e sente uma grande felicidade relacionada ao seu corpo, como se tivesse sido banhado em leite morno. Em razão da boa saúde mental, agora você está plenamente no controle da sua mente, virtualmente livre da tristeza e do pesar, e experienciando continuamente um estado de bem-estar. Como declarou Buda, "Aqueles que atingiram qualquer estado de estabilização meditativa permanecem em felicidade, aqui e agora"[103].

A prática: Repousando na vacuidade luminosa

Como foi descrito anteriormente, a realização de shamatha através da atenção plena à respiração é marcada pela primeira aparição do sinal de contrapartida do elemento ar. Porém, pelo fato de os cinco fatores da estabilização (investigação grosseira, investigação precisa, bem-estar, bem-aventurança e atenção di-

---

103. *Majjihima Nikāya* I, p. 33.

rigida) não serem muito fortes na concentração de acesso, você sentirá dificuldade em sustentar a atenção nessa imagem mental muito sutil. Sua mente deslizará para bhavanga, a base do vir a ser, que é um estado da consciência de vácuo relativo, destituído de pensamentos, imagens mentais e percepções sensoriais. Buddhaghosa comparou isso a uma criança que se levanta, permanece em pé, mas cai várias vezes no chão[104]. Se desejar prosseguir além da concentração de acesso até o estado verdadeiro da primeira estabilização, você deverá se concentrar firmemente no sinal de contrapartida até conseguir manter a atenção focada nele por um dia e uma noite inteiros. Mas se estiver contente com o nível de concentração de acesso e desejar usá-lo como uma base para sua prática de vipashyana, ou *insight* contemplativo, então libere o sinal de contrapartida e repouse por algum tempo na base do vir a ser.

É muito comum os contemplativos se estabelecerem na concentração de acesso. Asanga aconselhou que, assim que esse estado de shamatha for obtido, todo o *continuum* e o fluxo da atenção deverão ser direcionados e completamente focados no interior da mente. Nessa prática, dispa sua atenção de todos os sinais e pensamentos, e permita-se permanecer em um estado de tranquilidade. Se tiver atingido shamatha através do foco em uma imagem mental, você deverá então liberar essa imagem e repousar em um estado de consciência livre de aparências. Nesse momento, com a atenção inteiramente recolhida dos sentidos físicos, e com a consciência desengajada de todos os pensamentos discursivos e imagens, você experienciará uma consciência não dual da própria consciência. Dessa forma, a natureza relativa da consciência é diretamente percebida e, ainda assim, não pode ser apreendida e nem demonstrada.

Uma vez tendo atingido shamatha, você poderá acessá-la sempre que desejar. Enquanto permanecer nesse estado, toda a aten-

---

104. BUDDHAGHOSA. *The Path of Purification*. Op. cit., p. 126.

ção estará focada unidirecionalmente, recolhida dos sentidos físicos, dos pensamentos discursivos e imagens mentais, imersa na consciência substrato. Nesse estado, nenhum "sinal" se apresenta à mente ou, se surgirem em raras ocasiões, devido a um lapso temporário da atenção plena, eles rapidamente desaparecerão, enquanto sua mente repousa na vacuidade luminosa da consciência substrato. Não surge nenhuma aparência do seu próprio corpo ou de qualquer outra coisa e, assim, você sente como se sua mente tivesse se tornado indivisível com o espaço. Sua mente se torna tão calma e distanciada dos pensamentos discursivos, que você sente que poderia permanecer em meditação ininterruptamente, durante meses e até mesmo anos, sem perceber o tempo passando. Enquanto sua mente estiver imersa nesse estado, ela estará inundada por um bem-estar no qual é impossível o surgimento de qualquer pensamento não virtuoso ou qualquer outro tipo de desconforto. Düdjom Lingpa descreve essa experiência da seguinte maneira:

> Finalmente, todos os pensamentos sutis e grosseiros se acalmarão na expansão vazia da natureza essencial de sua mente. Você se aquietará em um estado sem flutuação, no qual experimentará alegria como o calor de uma fogueira, clareza como o nascer do sol, e ausência de conceitos como um oceano sem ondas[105].

Enquanto permanecer em shamatha você terá pouca ou nenhuma noção da passagem do tempo, pois o sentido do tempo requer memória, que é ativada através da conceituação; portanto, na ausência de conceituação, você permanece em um estado de consciência que parece estar além do tempo. No entanto, antes de entrar em equilíbrio meditativo, você pode se programar para emergir da meditação depois de um determinado período, ou pode preparar sua mente para emergir do samadhi devido a um som específico ou outro estímulo sensorial qualquer. Quan-

---

105. LINGPA, D. *The Vajra Essence*. Op. cit., p. 20.

do emergir da meditação na qual sua percepção foi removida de todas as experiências sensoriais, você sente como se seu corpo tivesse, repentinamente, passado a existir.

Reflexões sobre a prática

Quanto tempo demora?

Quanto tempo demora para atingir shamatha quando o praticante está bem preparado e pratica diligente e continuamente em um ambiente apropriado, com bons companheiros e sob a orientação hábil de um mentor experiente? Como foi mencionado na introdução deste livro, a tradição oral tibetana afirma que, sob condições adequadas como essa, uma pessoa de "faculdades aguçadas" pode atingir shamatha em três meses, uma pessoa de "faculdades medianas", em seis meses, e uma pessoa de "faculdades limitadas" pode atingi-la em nove meses. Isso pode ser verdadeiro para monges e monjas que começam suas práticas de shamatha após anos de estudos e treinamento em ética. Mas, no mundo moderno, isso parece ser uma previsão muito otimista. Considere que cinco mil horas de treinamento, a uma taxa de cinquenta horas por semana, durante cinquenta semanas por ano, é a quantidade de tempo normalmente necessária para se obter *expertise* em qualquer habilidade sofisticada. Para alcançar um nível excepcionalmente alto de maestria podem ser necessárias dez mil horas. Se colocarmos o treinamento em shamatha nesse contexto, isso pode nos dar uma ideia do grau de compromisso necessário para alcançar essa habilidade de atenção.

Considerando as muitas diferenças profundas, em termos psicológicos, sociais e ambientais, entre as pessoas que vivem nas nações industrializadas e em sociedades tradicionais, como no Tibete rural, é impossível fazer uma previsão precisa do tempo necessário para uma pessoa em nosso mundo moderno atingir shamatha. Mas existem alguns sinais encorajadores de que é possível fazer progressos significativos. No final do retiro de um ano, liderado por Gen Lamrimpa em 1988, um meditador fazia quatro sessões ao dia, cada uma durando três horas. Outro fazia apenas duas sessões, cada uma com mais de sete horas de duração. Nenhum deles, de acordo com Gen Lamrimpa, conseguiu atingir shamatha naquela época, mas ambos fizeram ótimos progressos. Quando emergiam de suas meditações, após tantas horas, sentiam como se o tempo não tivesse passado, e seus corpos e mentes estavam inundados de bem-aventurança e relaxamento.

Os três treinamentos

Os "três treinamentos" – da disciplina ética, concentração e sabedoria – constituem a estrutura essencial do caminho budista para a liberação. O primeiro treinamento, na disciplina ética, consiste de três fatores; de *fala correta, ação correta* e *modo de vida correto*. A finalidade principal desse primeiro nível de treinamento é apoiar o cultivo da atenção focada, que tem a função de equilibrar a mente, elevando-a, portanto, a estados de consciência mais serenos, felizes e radiantes. Tal purificação não seria possível sem a disciplina ética, na qual os desequilíbrios mentais são reduzidos através da coibição de comportamentos físicos, verbais e mentais não virtuosos. Como resultado do treinamento na disciplina ética, a mente se torna imbuída de autoconfiança, pureza interior, serenidade e livre de remorsos e de medos, e se torna apropriada para o segundo treinamento, em concentração. De maneira semelhante, a obtenção de um grau excepcional de concentração e equilíbrio mental (através do cultivo de shamatha) é necessária para progredir plenamente no terceiro treinamento, em sabedoria.

O treinamento em concentração consiste de esforço correto, atenção plena correta e concentração correta. Nesse treinamento, o esforço correto e a atenção plena correta desempenham um papel essencial de apoio, o primeiro através do empenho da mente, e o segundo, equilibrando-a. Juntos, eles apoiam a obtenção da concentração correta, que é definida pelo Buda em termos de obtenção dos estados de estabilização meditativa. Buda declarou que esses graus de equilíbrio mental (concentração) são pré-requisitos necessários para se obter o conhecimento experiencial e a visão das coisas como elas realmente são (sabedoria)[106]. Essa visão é compartilhada por toda a tradição Mahayana indiana, como foi declarado por Śāntideva: "Compreendendo que aquele que realiza vipashyana por intermédio de shamatha erradica as aflições mentais, [o praticante] deveria primeiramente buscar shamatha"[107]. Tsongkhapa ilustrou a relação entre shamatha e vipashyana com a seguinte metáfora:

> Quando for examinar uma tapeçaria em uma sala escura, se você iluminar com uma lâmpada radiante e firme, poderá examinar as imagens nitidamente. Se a lâmpada for fraca ou, ainda que brilhante, tremular com o vento, sua observação será comprometida. Da mesma forma, quando analisamos a natureza de qualquer fenômeno apoiando a inteligência penetrante com uma atenção voluntária, firme e prolongada, poderemos observar claramente a natureza real do fenômeno que está sendo investigado[108].

A razão principal pela qual esse grau excepcional de concentração, ou samadhi, é necessário, é que apenas obtendo o acesso à primeira estabilização estaremos livres dos cinco obscurecimentos. Até que essa liberdade seja alcançada, o Buda declarou: "você se considerará endividado, doente, escravizado e perdido em uma trilha deserta"[109], e não será possível conhecer seu próprio "bem-estar, o bem-estar dos outros, ou o bem-estar de ambos, e

---

106. *Saṃyutta Nikāya* II, p. 30.

107. ŚĀNTIDEVA. *A Guide to the Bodhisattva Way of Life*. Op. cit., VIII, p. 4.

108. WALLACE, B.A. *Balancing the Mind*. Op. cit., p. 118.

109. *Dīgha Nikāya* I, p. 73.

nem realizar a excelência do conhecimento e visão condizentes com os nobres, transcendendo o estado humano"[110]. A realização de shamatha oferece a fundação necessária de maleabilidade física e mental e a boa forma para sermos capazes de desenvolver plenamente o *insight* contemplativo da natureza fundamental da mente e de outros fenômenos. Buda comparou shamatha a um grande guerreiro que precisa proteger o ministro sábio, que é vipashyana[111]. Depois de experimentar vários tipos de disciplinas ascéticas, essa foi a profunda descoberta feita pelo Buda, que o conduziu rapidamente à iluminação. Ele descreveu esse *insight* posteriormente, da seguinte maneira:

> Lembrei-me de uma vez em que meu pai Sakyan estava trabalhando e eu estava recostado à sombra fresca de um jambo rosa: bastante isolado de qualquer desejo sensorial e desengajado de coisas não virtuosas, adentrei e permaneci na primeira estabilização meditativa, que é acompanhada das investigações grosseira e precisa, do bem-estar e da bem-aventurança originados da reclusão. Eu pensei: "Seria esse o caminho para a iluminação?" Então, depois, dessa memória, surgiu o reconhecimento de que esse era o caminho para a iluminação[112].

A distinção entre o acesso e os estados verdadeiros de estabilização meditativa não é feita nos discursos de Buda, conforme foi registrado no idioma pali, mas surgiu primeiramente nos comentários. Alguns budistas Theravada alegaram que a concentração *momentânea* (*khanika samadhi*) oferece uma base suficiente de concentração para a perfeição de vipashyana[113]. Nos anos de 1960 foi realizada uma série de debates entre os acadêmicos

---

110. *Aṅguttara Nikāya* IV, p. 63-64.

111. *Saṃyutta Nikāya* IV, p. 194-195.

112. *Majjihima Nikāya*, p. 36, 85, 100.

113. *Paramatthamañjūsā* 278.

do budismo Theravada, em que uma parte argumentava que a obtenção da primeira estabilização meditativa era necessária para alcançar a liberação, e a outra parte argumentava que a concentração momentânea era suficiente para que a prática de vipashyana liberasse a mente de forma completa[114].

O mestre de meditação birmanês contemporâneo, Pa-Auk Tawya Sayadaw, concluiu, com considerável autoridade, que o acesso à primeira estabilização meditativa é uma base necessária e suficiente de samadhi para o perfeito cultivo do *insight* contemplativo. E acrescentou que até mesmo a obtenção da primeira estabilização meditativa é muito, muito rara nos dias de hoje[115]. Essa afirmação reflete uma visão dominante também da tradição indiana Mahayana, de que a concentração de acesso à primeira estabilização meditativa representa o grau mínimo de samadhi necessário para que vipashyana seja plenamente efetiva. Essa opinião é amplamente mantida entre os budistas tibetanos até os dias de hoje.

A questão de que grau de concentração é necessário para liberar a mente de suas tendências aflitivas irreversivelmente é melhor abordada de modo experiencial, talvez até científico. Ambas as tradições, Theravada e Mahayana, declaram que a mente é irreversivelmente liberada das aflições mentais apenas por meio da união de shamatha e vipashyana. Os cientistas cognitivos talvez agora sejam capazes de investigar empiricamente essas afirmações, identificando as práticas que resultam nessa purificação radical. Essa abordagem está verdadeiramente de acordo com o espírito do empirismo e pragmatismo que inspirou a tradição budista desde seu início.

---

114. Este debate está registrado na íntegra no site: http://www.mahasi.org.mm/discourse/E24/E24ch01.htm

115. SAYADAW, Ven. Pa-Auk Tawya. *Knowing and Seeing*. Kuala Lumpur, Malásia: Wave, 2003, p. 142, 186-187, 209.

Conclusão
Olhando adiante

A ciência moderna e o potencial de shamatha

A "árvore do conhecimento" budista está firmemente enraizada no solo fértil da ética; seu sistema de raízes é o equilíbrio mental alcançado através do cultivo da atenção focada, e seu tronco é a sabedoria obtida através do cultivo do *insight* contemplativo. Essa é uma abordagem radicalmente diferente da ciência moderna, que é considerada desprovida de valores e orientada por dados empíricos obtidos com instrumentos tecnológicos, e analisados por raciocínio matemático. A ciência física (incluindo a Física, a Química e a Biologia) tem nos suprido com conhecimento sobre o mundo externo, beneficiando a humanidade com mais saúde física e prazeres, enquanto explora tecnologicamente os enormes potenciais da matéria e energia. A ciência contemplativa budista, por outro lado, produz profundos *insights* sobre a natureza da consciência, beneficiando aqueles que a praticam com intensa saúde mental e felicidade genuína, enquanto revela o potencial criativo da consciência.

Cada uma das abordagens tem seus pontos fortes e fracos, e juntos podem ser vistos como complementares, em vez de incompatíveis. Em especial, enquanto grandes avanços têm sido feitos nas ciências cognitivas em termos da observação precisa, em terceira pessoa, dos correlatos comportamentais e neurais dos estados e atividades mentais, a ciência contemplativa budista notabiliza-se pela observação direta, em primeira pessoa, dos fenômenos mentais. Com seu método composto por três partes: ética, shamatha e vipashyana, a abordagem budista oferece meios rigorosos para investigar as origens, a natureza e o potencial da consciência que, por muito tempo, escaparam da atenção da pesquisa científica.

Com a atenção refinada que shamatha ajuda a cultivar, a pessoa pode obter vários tipos de percepção extrassensorial e outras habilidades paranormais. Apesar de os mestres budistas alertarem para o fato de que a busca por habilidades paranormais pode facilmente desviar a atenção da pessoa do objetivo principal de purificar a mente, essas habilidades também podem ser muito bem-colocadas a serviço dos outros, se forem utilizadas com sabedoria e altruísmo. Atisha comenta sobre isso:

> Assim como um pássaro com asas ainda não desenvolvidas
> Não consegue voar pelos céus,
> Também aqueles sem o poder da percepção extrassensorial,
> Não podem trabalhar para o bem-estar dos seres vivos.
>
> O mérito obtido em um único dia
> Por alguém que possui percepção extrassensorial
> Não poderá ser obtido nem mesmo em cem vidas
> Por alguém que não possui percepção extrassensorial...
>
> Sem a realização de shamatha
> A percepção extrassensorial não surgirá.
> Portanto, façam esforços repetidos
> Para realizar shamatha[116].

O Primeiro Panchen Lama descreveu a importância de shamatha para a obtenção de tais habilidades:

---

116. ATĪŚA (Dīpamkaraśrījñāna). "Bodhipathapradīpa". In: DAS, S.C. (ed.). "Bodhipathapradīpa". *Journal of Buddhist Text Society of India*, vol. 1, 1983, p. 35-37.

Devido a tal prática, a natureza do equilíbrio meditativo é límpida e bastante clara, sem qualquer tipo de obscurecimento. Pelo fato de não ser estabelecida como qualquer entidade que tenha forma, ela é um vácuo como o espaço, por assim dizer. Além disso, seja qual for o objeto bom ou mau dos cinco sentidos que surgir, ela assume luminosamente qualquer aparência de maneira clara, como os reflexos em um espelho límpido. Você tem a impressão de que ela não pode ser reconhecida como sendo isso e nem sendo aquilo. Não importando quão estável tal samadhi possa ser, se não estiver imbuído com a alegria da maleabilidade física e mental, será uma atenção unifocada do reino do desejo, enquanto que o samadhi imbuído dessa característica é shamatha; e essa é a fonte de muitas qualidades, como a percepção extrassensorial e habilidades paranormais[117].

A tradição budista geralmente lista cinco tipos mundanos de percepção extrassensorial:

1) Visão remota ou clarividência.

2) Clariaudiência.

3) Conhecimento das mentes dos outros.

4) Habilidades paranormais, como a habilidade de controlar mentalmente os quatro elementos: terra, água, fogo e ar. Exemplos: mover-se através de objetos sólidos, andar sobre a água, controlar mentalmente o fogo, voar, multiplicar e transformar objetos físicos mentalmente, à vontade.

5) Recordação de vidas passadas.

As afirmações budistas em relação às possibilidades de alcançar níveis extraordinários de atenção voluntária prolongada desafiam os limites do atual conhecimento científico da mente.

---

117. Esta passagem é encontrada na conclusão da seção "Sems gnas p'ai thabs" de *Dge ldan bka' brgyud rin po che'i bka' srol phyag rgya chen po'i rtsa ba rgyas par bshad pa yang gsal sgron me.*

Se as habilidades paranormais listadas acima parecem pura mágica para nós que estamos acostumados aos vieses materialistas da ciência moderna, é bom recordar que os produtos da tecnologia moderna também parecem mágica para aquelas pessoas de sociedades tradicionais, nas quais a ciência nunca foi ensinada. Nenhum budista que tenha bom-senso pediria aos cientistas que aceitassem suas reivindicações baseados simplesmente na fé – o próprio Buda desencorajou seus seguidores a aceitarem suas palavras, simplesmente com base em sua autoridade. Porém, é igualmente dogmático rejeitá-las simplesmente porque violam a fé no materialismo científico.

O Dalai Lama comenta sobre isso: "Uma posição básica geral do budismo é que é inapropriado manter uma opinião que seja logicamente inconsistente. Isso é um tabu. Mas tabu maior ainda do que manter uma opinião que seja logicamente inconsistente é manter uma opinião que contraria a experiência direta"[118]. É igualmente ilegítimo rejeitar algo prontamente apenas porque ainda não foi encontrada nenhuma evidência empírica convincente. Tal evidência pode estar temporariamente inacessível apenas porque o instrumento apropriado para detectá-la ainda não foi desenvolvido. Ter uma mente aberta é crucial para ambas as investigações, a budista e a científica, e, mais do que isso, é de vital importância examinar cuidadosamente questões que desafiam profundamente nossas premissas mais profundamente enraizadas. O físico Richard Feynman comenta sobre isso:

> Uma das maneiras de parar a ciência seria fazer experimentos apenas nas áreas cujas leis sejam conhecidas. Porém, os experimentalistas pesquisam mais diligentemente e, com maior esforço, justamente naquelas áreas onde parece mais provável que possamos demonstrar que nossas teorias estão erradas. Em outras

---

118. HAYWARD, J.W. & VARELA, F.J. (eds.). *Gentle Bridges*: Conversations with the Dalai Lama on the Sciences of Mind. Boston: Shambhala, 1992, p. 37.

palavras, estamos tentando demonstrar que estamos errados o mais rapidamente possível, porque somente assim poderemos progredir[119].

Uma vida significativa

O desenvolvimento de saúde mental e de equilíbrio excepcionais, livres de todos os obscurecimentos, é fundamental para levarmos uma vida significativa, o que é muito mais importante do que desenvolver habilidades paranormais. Três elementos parecem ser cruciais para a realização de uma vida significativa: a busca pela felicidade genuína, a verdade e a virtude.

A busca pela felicidade genuína

Quando pensadores como Santo Agostinho, William James ou o Dalai Lama comentam que a busca pela felicidade genuína é o sentido da vida, eles estão obviamente se referindo a algo maior do que a busca do mero prazer. Eles têm em mente algo mais profundo, um tipo de equilíbrio mental que nos conduza através das vicissitudes da vida. A felicidade genuína, que é uma característica do florescimento humano, é o sintoma de uma mente equilibrada e saudável, assim como o bem-estar físico é o sinal de um corpo saudável. Nós nos acostumamos demais com a noção de que o sofrimento é inerente à vida, que simplesmente faz parte da natureza humana experienciar frustração, depressão, ansiedade e miséria. Às vezes é significativo sentirmos tristeza, por exemplo, em resposta à perda de um ente querido ou ao sofrimento humano resultante de uma catástrofe natural. E evoluímos de uma maneira em que o medo desempenha uma função útil, ajudando-nos a responder ao perigo. Mas, em muitas ocasiões, experienciamos um excesso de sofrimento

---

119. FEYNMAN, R. *The Character of Physical Law*. Cambridge, MA: MIT Press, 1965, p. 158.

mental que não traz benefício algum. É apenas um sintoma de uma mente desequilibrada.

Podemos sofrer por buscar realizar desejos que são prejudiciais ao bem-estar, nosso e dos outros, como é o caso dos vícios. E é debilitante ser incapaz de focar nossa atenção da forma que desejamos, quando a mente é carregada de maneira compulsiva por uma distração depois da outra, ou quando ela simplesmente apaga no embotamento. Podem surgir dificuldades de todos os tipos quando erramos em nossa percepção da realidade, não conseguindo perceber as coisas que se apresentam claramente a nós, ou confundindo a realidade com nossas próprias projeções e fantasias. E podemos experienciar perturbações desnecessárias quando somos oprimidos por desequilíbrios emocionais, oscilando entre expectativa excessiva e medo, euforia e depressão. O sintoma comum a todos esses desequilíbrios mentais é o sofrimento. Da mesma maneira que sentimos dores no corpo quando nos ferimos ou realmente adoecemos, também experienciamos angústia quando nossas mentes estão aflitas ou desequilibradas.

Uma vida significativa é orientada à busca pela felicidade genuína que resulta do equilíbrio da mente. Quanto mais saudável a mente, maior a sensação de bem-estar. E a chave para a obtenção de estados excepcionais de saúde mental é o desenvolvimento da atenção focada. Śāntideva enfatizou a importância de desenvolver shamatha, alertando que "uma pessoa cuja mente é distraída vive nas garras das aflições mentais"[120]. Quando a mente está sujeita aos desequilíbrios da atenção, é como se o sistema imunológico psicológico estivesse comprometido, podendo ser facilmente dominada por todos os tipos de aflições mentais.

---

120. ŚĀNTIDEVA. *A Guide to the Bodhisattva Way of Life*. Ithaca. Op. cit., VIII, p. 1.

A busca pela verdade

Embora existam muitos tipos de conhecimento, o mais importante para uma vida significativa é o conhecimento e o entendimento que produzem a felicidade genuína. De acordo com Santo Agostinho, a única coisa que precisamos saber é a resposta para a seguinte pergunta: "Como o homem pode ser feliz?"[121] Ele chamou essa felicidade de "a alegria que advém da verdade", e, para ele, a única verdade que pode oferecer tal felicidade é a divina. Na oração de Santo Agostinho: "Possa eu conhecer a mim mesmo, e conhecer a ti também", ouvimos um eco do lamento de Sócrates: "Eu não sou ainda capaz, como recomenda a inscrição de Delfos, de conhecer a mim mesmo; e me parece realmente ridículo lançar-me a examinar outras coisas antes que tenha compreendido isso"[122].

Existem muitas verdades esperando para serem descobertas, muito conhecimento a ser adquirido, mas o que pode ser mais importante e mais relevante na busca da felicidade genuína do que o *insight* sobre nossa própria natureza e sobre nossa relação com o mundo ao nosso redor? Fundamental para essa busca é a exploração das nossas próprias mentes. Embora a pesquisa comportamental e neurocientífica possa indiretamente nos dizer muita coisa sobre processos mentais específicos, William James declarou que, para o estudo da mente, é na introspecção que temos que confiar em primeiro lugar, principalmente e sempre[123]. Essa visão tem sido manifestada por contemplativos no mundo inteiro, e para a exploração introspectiva das profundezas da mente humana a atenção focada é indispensável.

---

121. AUGUSTINE. *Letters 100-115 (Epistolae)*. Hyde Park, NY: Nova City Press, 2003, 118, p. 13 [Trad. de Roland Teske].

122. PLATO. *Phaedo*. Nova York: Oxford University Press, 2002, p. 230 A [Trad. de Robin Waterfield].

123. JAMES, W. *The Principles of Psychology*. Op. cit. Vol. I, p. 185.

A busca pela virtude

Aristóteles comparou a felicidade genuína com o "bem humano", declarando que ele "é revelado como o estar a serviço da alma, de acordo com a virtude, e se as virtudes são mais do que uma, então será de acordo com a melhor e mais completa virtude"[124]. Depende de cada um de nós, com nossos próprios sistemas de crenças e valores, identificar aquilo que consideramos virtudes humanas, e quais são as melhores e mais completas. Uma vida significativa é aquela focada no cultivo dessas virtudes que valorizamos na vida humana. Uma vida assim seria, naturalmente, dedicada a superar os traços mentais e as tendências comportamentais que são contrárias a tal virtude, e para cultivar a virtude e eliminar os vícios, a habilidade de focar a mente é crucial.

Para todos estes três elementos de uma vida significativa – a busca pela felicidade genuína, a verdade e a virtude –, o equilíbrio mental é necessário. À medida que prosseguir no caminho de shamatha, aplicando a atenção altamente focada na natureza da própria consciência, você descobrirá o quão profundamente esses elementos estão inter-relacionados. Existem dimensões de felicidade genuína que só podem ser acessadas através da autodescoberta; existem verdades que só podem ser conhecidas experiencialmente dentro do contexto de uma vida virtuosa; e existem virtudes que só podem surgir como resultado do *insight* direto sobre a natureza da realidade. Em um mundo no qual as buscas pela felicidade, verdade e virtude muitas vezes parecem não guardar relação ou até mesmo estarem em total desacordo, esse caminho integrado pode ajudar a unir as heranças da sabedoria antiga e da sabedoria moderna, do Ocidente e do Oriente.

---

124. ARISTÓTELES. *Nicomachean Ethics*. Indianápolis: Hackett, 1985, p. 1.098-1.116 [Trad. de Terene Irwin].

Apêndice
Sinopse dos nove estágios

	Estágio	O que é atingido	O poder pelo qual isso é atingido	Que problemas persistem	Desequilíbrios da atenção	Tipo de engajamento mental	Qualidade da experiência	Pensamentos involuntários
1	Atenção dirigida	O praticante é capaz de dirigir a atenção ao objeto escolhido.	Aprender as instruções.	Não há continuidade da atenção no objeto.	Agitação grosseira.	Focado.	Movimento.	O fluxo de pensamentos involuntários é como uma cascata.
2	Atenção contínua	Continuidade da atenção ao objeto escolhido por até 1 minuto.	Pensar a respeito da prática.	Na maior parte do tempo a atenção não está no objeto.	Agitação grosseira.	Focado.	Movimento.	O fluxo de pensamentos involuntários é como uma cascata.
3	Atenção ressurgente	Recuperação rápida da atenção distraída; atenção principalmente focada no objeto.	Atenção plena.	O praticante ainda esquece o objeto completamente por breves períodos.	Agitação grosseira.	Interrompido.	Movimento.	O fluxo de pensamentos involuntários é como uma cascata.

4	Atenção constante	O praticante não esquece o objeto escolhido completamente.	Atenção plena, que agora é intensa.	Algum grau de complacência com relação ao samadhi.	Lassidão grosseira e agitação média.	Interrompido.	Realização.	Os pensamentos involuntários são como um rio descendo um desfiladeiro velozmente.
5	Atenção disciplinada	O praticante obtém satisfação no samadhi.	Introspecção.	Algum grau de resistência ao samadhi.	Lassidão média e agitação média.	Interrompido.	Realização.	Os pensamentos involuntários são como um rio descendo um desfiladeiro velozmente.
6	Atenção pacificada	Não há resistência ao treinamento da atenção.	Introspecção.	Desejo, depressão, letargia e sonolência.	Lassidão média e agitação sutil.	Interrompido.	Realização.	Os pensamentos involuntários são como um rio atravessando um vale lentamente.
7	Atenção plenamente pacificada	Pacificação do apego, melancolia e letargia.	Entusiasmo.	Desequilíbrios sutis da atenção rapidamente corrigidos.	Lassidão e agitação sutis.	Interrompido.	Familiaridade.	Os pensamentos involuntários são como um rio atravessando um vale lentamente.

Estágio	O que é atingido	O poder pelo qual isso é atingido	Que problemas persistem	Desequilíbrios da atenção	Tipo de engajamento mental	Qualidade da experiência	Pensamentos involuntários
8 Atenção unifocada	O samadhi é longo, sustentado sem qualquer agitação ou lassidão.	Entusiasmo.	Ainda é preciso esforço para afastar a agitação e a lassidão.	Impulsos latentes de lassidão e agitação sutis.	Interrompido.	Quietude.	A mente conceitual discursiva é calma como um oceano sem ondas.
9 Equilíbrio da atenção	O samadhi sem falhas é longo e sustentado sem esforço.	Familiaridade.	Desequilíbrios da atenção podem ocorrer novamente no futuro.	As causas desses desequilíbrios permanecem latentes.	Sem esforço.	Perfeição.	A mente conceitual discursiva é imóvel e quieta como o Monte Meru, o rei das montanhas.

Agitação grosseira: A atenção se desconecta completamente do objeto de meditação.
Agitação média: Os pensamentos involuntários ocupam o centro da atenção, enquanto o objeto meditativo é deslocado para a periferia.
Agitação sutil: O objeto meditativo permanece no centro da atenção, mas surgem pensamentos involuntários na periferia da atenção.

Lassidão grosseira: A atenção se desconecta do objeto na maior parte do tempo devido à insuficiência da vivacidade.
Lassidão média: O objeto surge, mas sem muita vivacidade.
Lassidão sutil: O objeto surge vividamente, mas a atenção é levemente frouxa.

Referências

AGOSTINHO, S. *Cartas 100-155 (Epístola)*. Hyde Park, NY: New City Press, 2003.

ARISTÓTELES. *Ética nicomaqueia*. Irwin, Ind.: Hackett, 1985.

BISHOP, S.R. et al. "Mindfulness: a Proposed Operation Definition". *Clinical Psychology*: Science and Practice, vol. 11, n. 3, 2004, p. 230-241.

BITBOL, M. "A Cure for Metaphysical Illusions: Kant, quantum mechanics, and Madhyamaka". *Buddhism & Science*, 2003, p. 325-358 [Nova York: Columbia University Press, 2003].

BODHI, B. *The Middle Length Discourses of the Buddha*. Boston: Wisdom, 1995.

BODHI, B. (trad.). *The Connected Discourses of the Buddha*. 2 vols. Boston: Wisdom, 2000.

BUDDHADASA. *Mindfulness with Breathing*: a Manual for Serious Beginners. Boston: Wisdom, 1996.

BUDDHAGHOSA. *The Path of Purification*. Kandy: Buddhist Publication Society, 1979.

CHAGMÉ, K. *A Spacious path to Freedom*: Practical Instructions on the Union of Mahamudra and Atiyoga. Ithaca, NY: Snow Lion, 1998.

COX, C. "Mindfulness and Memory: the Scope of Smrti from Early Buddhism to the Sarvāstivādin Abhidharma". *In the Mirror of Memory*: Reflections on Mindfulness and Remembrance in Indian and Tibetan Buddhism. Albânia: State University of New York, 1992.

DALAI LAMA, H.H. *Dzogchen*: The Heart Essence of the Great Perfection. Ithaca, NY: Snow Lion, 2000.

_____. *Ethics for the new Millennium*. Nova York: Riverhead Books, 1999.

DALAI LAMA, H.H. & BERZIN, A. *The Gelug/Kagyü Tradition of Mahamudra*. Ithaca, NY: Snow Lion, 1997.

DAMASIO, A. *The Feeling of What Happens*: Body and Emotion in the Making of Consciousness. Nova York: Harcourt, 1999.

DAVIDSON, R.J. & HARRINGTON, A. (Orgs.). *Visions of Compassion*: Western Scientists and Tibetan Buddhists Examine Human Nature. Nova York: Oxford University Press, 2002.

FEYNMAN, R. *The Character of Physical Law*. Cambridge, MA: MIT Press, 1965.

FLAVELL, J.H. "Metacognitive Aspects of Problem Solving". *The Nature of Intelligence*. Hillsdale, NJ: Erlbaum, 1976.

GARFIELD, J.L. (trad.). *The Fundamental Wisdom of the Middle Way*: Nāgārjuna's Mūlamadhyamakakārikā. Nova York: Oxford University Press, 1995.

GETHIN, R.M.L. *The Buddhist Path to Awakening*. Oxford: Oneworld, 2001.

GUNARATANA, H. *Mindfulness in Plain English*. Boston: Wisdom, 1991.

HACKER, D.J. "Definitions and Empirical Foundations". In: HACKER, D.J.; DUNLOSKY, J. & GRAESSER, A.C. (eds.). *Metacognition in Educational Theory and Practice*. Mahwah, NJ: Erlbaum, 1998.

HARVEY, P. *The Selfless mind*: Personality, Consciousness and Nirvana in Early Buddhism. Surrey: Curzon Press, 1995.

HAYWARD, J.W. & VARELA, F.J. (eds.). *Gentle Bridges*: Conversations with the Dalai Lama on the Sciences of Mind. Boston: Shambhala, 1992.

HEISENBERG, W. *Physics and Beyond*: Encounters and Conversations. Nova York: Harper and Row, 1971.

_____. *Physics and Philosophy*: the Revolution in Modern Science. Nova York: Harper and Row, 1962.

JAMES, W. *Talks to Teachers*: On Psychology; and to Students on Some of Life's Ideals. Nova York: W.W. Norton, 1899/1958.

_____. *The Principies of Psychology*. Nova York: Dover, 1890/1958.

KAHNEMAN, D.; DIENER, E.; SCHWARZ, N. (ed.). *Well-being*: The Foundations of Hedonic Psychology. Nova York: Russell, 1999.

KAMALAŚĪLA. "First Bhāvanākrama". In: TUCCI, G. (ed.). *Minor Buddhist Texts*. Part II. Roma, 1958.

KLEIN, A.C. (trad.). *Knowing, Naming and Negation*. Ithaca, NY: Snow Lion, 1991.

LaBERGE, S. *Lucid Dreaming*: a Concise Guide to Awakening in Your Dreams and in Your Life. Boulder, CO: Sounds True, 2004.

_____. "Lucid Dreaming and the Yoga of the Dream State: a Psychophysiological Perspective". *Buddhism & Science*. Nova York: Columbia University Press, 2003.

LaBERGE, S. & RHEINGOLD, H. *Exploring the World of Lucid Dreaming*. Nova York: Ballantine, 1990.

LADNER, L. *The Lost Art of Compassion*: Discovering the Practice of Happiness in the Meeting of Buddhism and Psychology. São Francisco: Harper São Francisco, 2004.

LAMRIMPA, G. *Realizing Emptiness*: Madhyamaka Insight Meditation. Ithaca, NY: Snow Lion, 2002.

LINGPA, D. *The Varja Essence*: From the Matrix of Primordial Consciousness and Pure Appearances, a Tantra on the Self-arisen Nature of Existence. Ashland, OR: Mirror of Wisdom, 2004.

LOY, D. *Nonduality*: a Study in Comparative Philosophy. New Haven: Yale University Press, 1988.

NYANAPONIKA, T. *The Heart of Buddhist Meditation*. Nova York: Samuel Weiser, 1973.

PADMASAMBHAVA. *Natural Liberation*: Padmasambhava's Teachings on the Six Bardos. Boston: Wisdom, 1998.

PLATÃO. *Phaedo*. Nova York: Oxford University Press, 2002.

POSNER, M.I. *Foundations of Cognitive Science*. Cambridge, MA: MIT Press, 1989.

POST, S.G. *Unlimited Love*: Altruism, Compassion, and Service. Filadélfia: Templeton, 2003.

RABTEN, G. *Echoes of Voidness*. Londres: Wisdom, 2003.

_____. *The Mind and its Functions*. 2. ed. Mont Pèlerin, Suíça: Rabten, 1992.

RINBOCHAY, L.; RINBOCHAY, L.; ZAHLER, L. & HOPKINS, J. *Meditative States in Tibetan Buddhism*: the Concentrations and Formless Absorptions. Londres: Wisdom, 1983.

RINPOCHE, D. *The Three Levels of Spiritual Perception*. Boston: Wisdom, 2003.

RINPOCHE, T.W. *Healing with Form, Energy and Light*: The Five Elements in Tibetan Shamanism, Tantra, and Dzogchen. Ithaca, NY: Snow Lion, 2002.

SALZBERG, S. *Lovingkindness*: the Revolutionary art of Happiness. Boston: Shambhala, 2002.

ŚĀNTIDEVA. *A Guide to the Bodhisattva Way of Life*. Ithaca, NY: Snow Lion, 1997.

SEARLE, J.R. *Mind*: a Brief Introduction. Nova York: Oxford University Press, 2004.

SNELLGROVE, D.L. (trad.). "Saraha's Treasury of Songs". *Buddhist Texts Through the Ages*. Oxford: Cassirer, 1954.

SONAM RINCHEN, G. *Atisha's Lamp for the Path to Enlightenment*. Ithaca: NY: Snow Lion, 1997.

THOREAU, H.D. *Walden*. Nova York: W.W. Norton, 1951.

TSONG-KHA-PA. *The Great Treatise on the Stages of the Path to Enlightenment*. Ithaca, NY: Snow Lion, 2002.

VAJIRAÑĀṆA, P. *Buddhist Meditation in Theory and Practice*. Kuala Lumpur, Malásia: Buddhist Missionary Society, 1975.

WALLACE, B.A. *Balancing the Mind*: a Tibetan Approach to Refining Attention. Ithaca, NY: Snow Lion, 2005.

_____. *Genuine Happiness*: Meditation as the Path to Fulfillment. Hoboken, NJ: John Wiley & Sons, 2005.

_____. *The Taboo of Subjectivity*: Toward a New Science of Consciousness. Nova York: Oxford University Press, 2000.

WALLACE, B.A. (org.). *Buddhism and Science*: Breaking new Ground. Nova York: Columbia University Press, 2003.

WEGNER, D.M. *The Illusion of Conscious Will*. Cambridge, MA: MIT Press, 2002.

WILSON, E.O. Consilience: the Unity of Knowledge. Nova York: Alfred A. Knopf, 1998.

ÍNDICE

Adormecer 41, 44, 165, 193, 195
  cf. tb. Sonolência; Lassidão
Afeto 101
Aflições mentais 21, 68, 78, 84, 129, 142, 158, 162, 178, 186, 189, 207, 216
Agarrar 62, 100, 134, 140
  cf. tb. Apego; Anseio; Fixação
Agitação 12, 19, 23, 26, 34, 39, 41, 52s., 60, 71, 73, 79, 82, 92, 95-97,
    110-113, 116, 119, 130, 151, 169, 184s., 197, 200s., 222
  grosseira 52s., 70s., 73, 92, 109, 220, 222
  livre de 88, 109, 184
  média 92s., 110, 221s.
  mental 26
  neutralizar a 39, 56, 75
  relativamente livre de 95
  remediar a 119, 151
  superar a 112
  sutil 52, 133, 155, 201, 221s.
Alaúde 120, 124
  afinar as cordas de um 110
Alegria 36, 66s., 82, 85, 97, 104, 131, 144-146, 154, 162, 185, 197, 200,
    204, 213, 217
  empática 27, 85-87, 100, 130
Altruísmo 212
Ambientalistas 43
Ambiente apropriado 28, 205
Amnésia 53

Índice

Amor 17, 21, 23, 100, 139
Angústia 47, 83, 105, 131, 216
Anseio 67, 84, 114, 142
    cf. tb. Apego; Fixação; Agarrar
Ansiedade 12, 46, 52, 65, 67, 84s., 105, 114, 143, 200s., 215
    fluxo constante 73, 143, 151
Antecipação 153, 162
Apego 48s., 52, 74, 100-102, 104s., 154, 185, 221
    obsessivo 143
        cf. tb. Agarrar; Anseio; Fixação
Aristóteles 218
Asanga 41, 58, 74s., 88, 111, 154, 203
Atenção 11, 16s., 19-21, 23, 26, 29s., 34, 39, 43-45, 49, 52-55, 64, 73, 77, 85, 88, 92, 97, 99, 104, 109-111, 118s., 127, 133, 137, 146, 150-153, 157, 163, 169, 185, 193s., 197, 201, 203, 216, 218
    contínua 25, 52-68
    desenvolvimento gradual da 25
    desequilíbrios da 56, 100, 119, 151, 216
    direta 56s., 61s., 90, 92, 136, 157s.
    dirigida 25, 33-51
    distúrbios da 11, 19
    faculdade da 22, 24, 33
    ferramentas para melhorar a 24
    focada 11s., 14, 23, 27s., 56, 64, 147, 201, 203, 206, 211, 216
        cf. tb. Concentração
    pacificada 25, 133-153
    plasticidade da 22
        cf. tb. Concentração; Shamatha; Tranquilidade
    plena 12, 27, 33, 57s., 62, 70-72, 88-92, 96-98, 110-112, 117, 130, 133, 154, 157s., 180, 182, 204, 206
    à respiração 26s., 30, 35-37, 40-44, 53-55, 59, 61, 67, 73-76, 93-97, 113s., 117, 127s., 155, 198, 202
        explicação do Buda 40

    pesquisas sobre 89
    poder da 22, 58, 70, 88, 92, 110
    quatro aplicações da 91s.
  plenamente pacificada 25, 154-166
  ressurgente 25, 69-87
  unifocada 25, 88, 169-183, 201, 213
  vaga, imprecisa ou desorientada 136
Atisha 84, 212
Atitude 28, 38, 102, 135
  crítica reflexiva 149, 152
Atletas 30
Autocentramento 101
Autoestima 65, 87, 135, 138
  baixa 65, 87, 135, 138
Autojulgamento 65, 67
Aversão 48, 74, 100, 105, 118, 127s.

Balangoda Anandamaitreya 190
Bardo 193
Beethoven 175
Bem-aventurança 77, 114, 127, 141, 161-163, 177s., 194, 197, 200-202, 206, 208
Bhavana 65
Biofeedback 75
Biologia 211
Bodisatva 96
Bondade 86, 100, 102, 131
  amorosa 27, 45, 49, 51s., 85, 130-132
buda 58, 127, 147, 179, 186
Buda, o 24, 30, 40s., 48, 58, 63, 73s., 81, 90, 92, 95-97, 111, 126, 158, 178, 180, 182, 188, 190, 195, 199s., 202, 207s., 214
  discurso do 40
  ensinamentos do 95, 97, 190
  postura na qual faleceu 195

Buddhadasa 59
Buddhaghosa 74, 91s., 95, 111, 198, 200s., 203
Budismo 12, 15, 41, 43, 48, 99, 101, 112, 139, 159, 174, 196, 199, 214
    chinês 12
    ciência moderna 15, 211, 214
    objetivo principal do desenvolvimento de shamatha no 147
    tibetano 7, 12-15, 26s., 79, 144, 185s., 189, 195
    Zen 57
Budista(s) 12s., 17, 21, 23, 34, 41, 48, 63s., 66, 80, 84, 97-99, 103, 110, 112, 125, 139s., 149, 157-162, 173, 180, 189s., 199, 206, 208s., 211-214
    liberação 190
    literatura 91, 112, 159
    monge 80
    praticantes 30
    práticas tântricas 130, 190
    tradição 12, 23, 26, 33, 57, 79, 95, 138, 147, 158, 193, 209, 213
        visão de mundo da 138

Canal central 121
Carl Jung 162
Cérebro 8, 122, 148, 150, 160, 164, 173-176, 196
    fonte da volição no 173
    mecanismos do 174
Ciências cognitivas 119, 211
Cinco sentidos físicos 61, 147
Clareza 8, 22, 45, 49, 74, 115, 122-124, 128, 143s., 158, 172, 204
    perda da 116, 124
Clariaudiência 213
Cognição 98s., 170s.
Compaixão 23, 27, 64-68, 71, 85, 100, 102, 130-132, 143, 186
Complacência 64, 93, 145
Comportamento 20s., 28, 35, 41, 67, 77, 82s., 116, 124, 132, 145, 206
    destrutivo 68, 163

Conceitual(ais) 54, 56s., 61, 90, 93, 97s., 113, 116, 125-127, 157, 177, 179-181, 186
  estrutura 63, 170, 181, 183, 191
  fixação 126
  respostas 56
Concentração 9, 34s., 74, 117, 129, 157s., 173, 188, 199s., 203, 206-208
  de acesso 200, 203, 209
  grau excepcional de 76, 206s.
  momentânea 208s.
  cf. tb. Atenção
Confusão 24, 67, 83, 111, 140
  cf. tb. Ignorância
Consciência 15, 20, 23, 26s., 33, 37s., 40, 49, 53-56, 61, 72, 74, 95, 99, 103, 106, 114s., 122s., 126-128, 130-135, 137, 144, 146s., 157, 160, 163-166, 170-182, 185s., 188, 192s., 197, 200, 202-204, 211s., 218
  clara luz da 195
  da consciência 27, 171-173
  dimensão da 160
    pura e profunda da sua própria 105
  espaço da 129, 133-135, 146, 157
    luminoso da 140
  estado fundamental absoluto da 176, 178
  estado relativo de vácuo da 162
  estados de 146, 193, 206
  fluxo 64
  momento de 63
  não dual 177, 203
  primordial 176-178, 185s.
  prístina 118, 131, 172, 176, 188, 190, 193, 195, 198
  substrato 160-163, 175-178, 193, 195, 204
    três atributos 161
    vacuidade luminosa da 204
  cf. tb. Mente(s)

Constituição 124, 145
    de água 144s.
    de ar 144s.
    de espaço 144, 146
    de fogo 144s.
    de terra 144
Consumismo 12
Contemplativa 7, 23, 25, 43, 72, 77, 122, 137, 191, 197
    ciência 92, 188, 211
    prática 113, 117, 130, 189
    tecnologia 188
Contemplativo(s) 11, 16, 21, 23-25, 79, 85, 95, 103, 125, 159-161, 184, 190s., 217
    budistas 25, 48, 99, 110, 112, 114, 125, 160s., 175s., 189s.
    insight 25, 89, 92, 157, 178, 191, 203, 208s., 211
    reclusos 102
    tibetanos 70, 110, 138, 157, 189s.
Corpo 30, 35, 37-44, 49s., 54-57, 66, 72-74, 76, 83, 86, 91-94, 96, 103s., 112, 115, 120, 125, 131, 135, 141, 144, 147, 160, 165, 171s., 191, 194, 196s., 200, 202, 204, 215
    atenção plena ao 57, 91
    consciência permear 72
    de sonho 191, 194
    transformação radical do 196
    três qualidades do 38
Corpo-mente 43
    interações 174
Criatividade 22, 145, 161, 186
Criaturas sociais 77
Culpa 65, 135, 138

Dalai Lama 7, 14, 35, 46, 120, 190, 214s.
    Sua Santidade o Quinto 14, 114
Damasio, Antonio 148
Dedicação 29

Índice

Deidade 116, 124, 186
Delusão 48, 68, 132, 158, 162s.
    cf. tb. Confusão; Ignorância
Demônios 78, 127, 138-140, 143
Depressão 23, 46, 78, 82, 84s., 87, 89, 103, 130s., 135, 145, 215s.
Descartes, Rene 170s.
Desejo(s) 13s., 17, 23, 45, 47, 50-52, 81s., 97, 101s., 111, 118, 123, 130-132, 137, 142, 158, 162s., 171, 199-201, 208, 213, 216
    reino do 199, 202
    cf. tb. Apego; Anseio
Desequilíbrio(s) 23, 29, 34, 43, 47, 56, 65s., 68, 71, 78, 96s., 100, 114, 119, 125, 131, 135, 144, 151, 155, 169, 216
    cognitivo 60
    conativos 47, 52
    físicos 59
    livre dos 169
    mentais 43, 59, 71, 78, 196, 206, 216
    prevenir 43
Deshung Rinpoche 187
Devaneio 53, 57
    cf. tb. Distração
Dharamsala 13s., 102
Dhargyey, Geshe Ngawang 13s.
Dharmadhatu 176
Dieta 30, 71, 83, 116, 124
Dificuldade 24, 42, 66s., 77, 83, 85, 102, 113, 131, 136, 146, 165, 192, 196, 203, 216
Distração 21s., 33s., 39, 53, 85, 89s., 118, 127, 135, 157, 162s., 186, 216
    cf. tb. Agitação
Doença 12, 71, 142
Düdjom Lingpa 113, 120, 138-140, 143s., 146, 156,, 189, 204
Dzogchen 15, 26, 113-115, 141, 162, 176, 185, 195
    contemplativos 160

Einstein, Albert 134, 181
Elemento ar 94, 198, 202
Eletroencefalografia 196
Elogios 49
Embotamento 12s., 19, 23, 26, 34, 109, 144s., 161, 216
    cf. tb. Lassidão
Emocionais 44, 56, 85, 87, 98, 175
    aflições 23
    desequilíbrios 131, 216
    oscilações 100
Energia 21, 76, 97, 115, 120s., 135, 159, 196s., 211
Entretenimento 52, 81
Entusiasmo 13, 29, 35, 129, 145, 154, 197
    poder do 169
Envelhecimento 12
Equanimidade 27, 100s., 104, 129s.
Equilíbrio 12s., 22, 29, 44, 56, 74, 82, 92, 110, 119, 124, 129s., 146, 154, 204, 215
    conativo 47
    da atenção 20, 23, 25, 77, 96, 146, 169, 184-195, 202
    mental 48, 64s., 78, 81, 83, 125, 201, 206s., 211, 215, 218
Esforço 11s., 22, 28s., 35s., 56, 65, 97, 110, 129, 158, 184, 206, 214
    cf. tb. Perseverança
Espírito do despertar 66
Espiritual(is) 21, 50, 100, 193
    arrogância 138
    mentor 115, 119, 123, 125
    prática 71, 103, 106, 190, 193
    realizações 125
Esquecimento 33, 88-90
Estabelecer a mente em seu estado natural 26s., 109, 113s., 117, 124, 128, 130, 134, 136, 139, 141, 146, 155-159, 192

Estabilidade 11s., 26, 29, 36, 54-57, 69, 71-73, 77, 88, 94s., 99s., 110, 119,
    122, 128, 137, 145, 153, 158, 163, 166, 170, 172, 186, 190s., 198, 201s.
  cultivar a 57, 172
Estabilização 84, 100, 199-203, 207
  cinco fatores da 202
  primeira 199-201, 203, 207-209
Estágios de geração e completude 117, 129
Esteira hedônica 49, 66
Estresse 11, 28, 97, 114
  redução do 89
Ética 82s., 205, 211s.
  disciplina 82s., 206
  treinamento em 205
Ético 25, 83, 91
  comportamento 21
Eventos mentais 116, 121s., 127s., 134, 137, 170, 177
Evolução 50, 65
Expectativas 28, 62, 102, 104s., 115, 123, 134, 143
Extrassensorial
  percepção 116, 124, 212s.

Faculdades 116, 125, 149
  aguçadas 29, 205
  embotadas 29
  medianas 29, 205
Familiarização 184
  poder da 184
Fantasias 47s., 62, 115, 119, 137, 216
  cf. tb. Devaneio
Fantasma 116, 124
Fé 79, 143, 176, 214

Felicidade 46, 48, 50s., 81, 85, 100, 104s., 142, 179, 202, 217
  genuína 46s., 64, 81, 131s., 211, 215-218
    busca pela 46s., 66, 215
    visão de 49
Fenômenos 92, 126, 136s., 139, 141, 147-149, 161, 174, 177-182, 187s., 191s., 199, 208, 212
  espaço absoluto dos 176s., 195
  reais 179
  três classes de 179
Feynman, Richard 214
Filosofia 181s.
  budista 179s.
  da ciência 7, 15
Física(s) 15, 36, 124, 141, 145, 173s., 199s., 202, 208, 211, 213
  disfunção 197
  saúde 24, 211
  sensações 49, 53, 56s., 76, 196
    cf. tb. Táteis, sensações
Físico(s) 8, 21, 28, 41, 44, 59, 74, 82s., 89, 95, 99, 122, 126, 134s., 144, 148, 161, 174, 181, 213s.
  bem-estar 46, 116, 125, 215
  exercícios 83
  mundo 138s., 147, 150, 170, 174, 180, 195
Fixação 118, 126, 135, 162s., 182, 194
  a si mesmo 194
    cf. tb. Apego; Agarrar-se; Anseio
Flexibilidade 30, 145
Fluxo mental 115, 117, 119, 129, 161, 198
Forma 16, 26, 40, 45, 75, 85, 114, 124, 194
  reino da 199
Freud, Sigmund 139
Frustração 46, 84, 114, 215

Galácticas
    constelações 181
Galileu 149
Ganância 83, 140
    cf. Apego; Anseio
Geluk 186
Generosidade 86
Gen Lamrimpa 15, 135, 138, 206
Geometria não euclidiana 181
Geração 117, 129s., 173
    estágios da 130
Grande Perfeição 15, 26, 117
    cf. tb. Dzogchen
Gunaratana, Bhante 90, 157
Gyatrul Rinpoche 123, 127

Heisenberg, Werner 149, 174
    Princípio de Incerteza Energia-Tempo de 174
Hindu
    tradição 23
Hipnagógico
    estado de consciência 99
Hostilidade 23, 48, 67, 84, 130, 132, 158, 200s.
    cf. tb. Raiva; Aversão; Ódio

Ideação compulsiva 71
Idealismo 170
Identidade
    examinar a natureza da 173
    pessoal 134
    cf. tb. Self
Ignorância 158
    cf. tb. Confusão; Delusão; Self

Imagem(s) 97s., 118, 132, 136, 143, 155, 171, 203, 207
    mentais 57, 71, 94, 128, 137, 147, 159, 203s.
    mental ou visualizada 40, 62, 97, 126, 128, 148, 150, 203

Impaciência 52, 102s.

Imparcialidade 100, 103

Incerteza 170, 200

Inconsciente coletivo 162

Industrial
    contaminação 43

Infelicidade 48, 66, 105, 142
    cf. tb. Tristeza

Inquietação 12, 41, 59, 65, 78, 82s., 85
    cf. tb. Agitação

Insatisfação 52, 65, 67

Insight 22, 25, 28, 30, 89, 92, 97, 113, 125, 147, 159, 166, 173, 177, 187s., 190, 208, 211, 217s.
    meditação 12, 158

Insônia 42, 142

Instituto Santa Bárbara para os Estudos da Consciência 7, 16

Inteligência 27, 70, 112, 129, 139, 207
    discriminativa 135, 137

Internos 49, 78, 127, 138
    comentários 54
        cf. tb. Pensamentos

Introspecção 71, 73, 96, 98, 111s., 117, 119, 137, 158, 217
    distinção entre atenção plena e 111
    durante todo o dia 98
    poder da 111, 133

Invasão do Tibete pelos comunistas chineses 102

Inveja 23, 83, 132, 140

Investigação 11, 23, 92, 122, 147, 149, 176, 191
    grosseira 200, 202
    precisa 200, 202

Ioga dos sonhos 27, 191-193
    prática diurna 178-183
    prática noturna 191-195
Iogue 102
Isolamento 66, 77-79, 102, 115, 120, 200
    cf. tb. Reclusão

James, William 20-23, 46, 215, 217
Jhampa Wangdü, Gen 102s.

Kagyü 185s., 189
Kalu Rinpoche 189
Kamalashila 25, 188
Kant, Immanuel 149

LaBerge, Stephen 164s.
Lamrimpa, Gen; cf. Gen Lamrimpa
Lassidão 34, 41, 56s., 60, 70, 73, 75s., 82, 97, 109-111, 116, 124, 130, 151, 154, 165, 169, 172, 184s., 197, 201
    grosseira 70, 92, 109s.
    interrupção por 169
    livre de 95
    manchar pela 198
    palavra tibetana para 109
    remediar a 110, 119
    sucumbir à 96, 110
    cf. tb. Embotamento
Lembrar de lembrar 55
Lerab Lingpa 114s., 120, 130
Letargia 34, 69s., 109, 115, 119, 172, 198, 200
    cf. tb. Sonolência
Livre-arbítrio 21, 34s.
Luminosidade 27, 114, 122, 127, 146, 161, 163, 170-172, 177s., 185
Luxúria 81, 111, 138

Madhyamaka 181
  filosofia 181
Mahamudra 15, 113, 185
Mahayana 57s., 130, 190
  tradição 58, 88, 92, 95, 159, 188, 207, 209
Mantra 40, 84
Massa-energia 191
Matemática 29, 181
Matéria 21, 45, 134, 139, 177, 181, 211
Materialismo científico 214
Materialista 19, 21, 84, 121, 160, 170, 175, 214
  premissa 122
Meditação 7s., 11-17, 25, 28, 30, 36, 40, 45, 52, 59, 65, 71, 86, 93, 102, 104, 109, 119s., 123, 131, 140, 146, 155, 173, 185-187, 189, 202, 204, 209
  como um Band-Aid® 84
  efeitos da 30
  encontrar tempo 45, 48
  manuais de 36, 120, 140
Medo 52, 78, 83, 102, 104s., 115, 123, 134s., 138, 143, 194, 206, 215s.
Memória 44, 57, 85, 90, 126, 132, 137, 144, 160, 208
  presente 151
  prospectiva 90, 153
Mente(s) 11-13, 21, 23, 26, 30, 36s., 41, 49, 53, 56s., 63, 67, 70, 74, 85s., 89, 97-99, 104, 112-120, 131, 134, 150, 155, 160, 172, 178, 189, 192, 197, 200, 204, 206, 208s., 213, 215
  cura da 74, 138
  espaço da 117, 122, 129, 134-136, 138, 155, 170, 192
  exploração das nossas próprias 217
  interações corpo- 174
  não treinada 34
  natureza da 11, 28, 74, 113, 176, 190
  neurótica 140

tendências aflitivas 139, 190
transformação da 81
Metacognição 112
Metafísico
sistema de crença 79
Místico
insight 125
Monte Meru 185
Morrer 78, 193
cf. tb. Morte
Morte 12, 160s., 193, 195
cf. tb. Morrer
Movimentos desnecessários 37
Mundanas 14
buscas 81
Músicos 21, 175

Não conceitual 90, 116, 125-127, 157
atenção 186
Não conceitualidade 114, 146, 161, 163, 177s., 185
Não dualidade 122
Não físicas 21, 173s.
Não objetificação 96s.
Narcótico 82
Naturais 93, 131, 139, 162, 171s.
filósofos 138
Natureza de buda 58, 186
realização da 58
Nervoso(s) 22, 30, 36, 41, 124, 146, 196
distúrbios 36
cf tb. Ansiedade
sistema 30, 36, 41, 124, 196
Neurais 30, 122
correlatos comportamentais e 137, 211

Índice

Neurocientistas 8, 11, 30, 173, 175
Neuroses 144
    cf. tb. Ansiedade
Newton, Isaac 139
Nirvana 58, 158, 162
Nono estágio 27, 29s., 184, 196
Nyingma 185s.

Obsessivos
    desejos 47
Obsessivo-compulsivos
    transtornos 34
Obstrução
    cinco tipos de 199
Ódio 83, 140, 143, 185
    cf. tb. Raiva; Aversão; Hostilidade
Oitavo estágio 26, 169
Oito passos
    o nobre caminho de 158
Olhos fechados 37, 62
Olímpicos
    atletas 30
Orgulho 23, 86, 140
Ouvir 19, 34, 87, 93, 103, 115, 119s., 133, 142, 175
    poder do 33s.

Pa-Auk Tawya Sayadaw 209
Paciência 65, 129
Padmasambhava 112, 169s., 172s., 176, 182, 185, 188, 193, 197
Pali 58, 90, 92, 94s., 208
Panchen Lama
    Primeiro 114, 159, 186, 212
Paranoia 141s.

Índice

Paranormais
  habilidades 212-215
Paredes 201
  atravessar 192
Penais
  sistemas 78
Pensamentos 26, 28, 34, 39, 44, 49, 54-56, 70s., 84, 114, 116-118, 121, 141, 148, 156, 171, 202
  aflitivos 43, 74
  compulsivos 36, 83
  discursivos 155, 160, 203s.
Pensar 22, 54, 70, 142, 186
  poder do 54
Percepção 20, 63, 89, 98s., 122, 134, 141, 150s., 164, 182, 191, 205, 212s., 216
Perseverança 14, 78
  cf. tb. Esforço
Pesar 202
Pesquisa colaborativa entre os contemplativos budistas 112
Placebo
  efeito 23
Poder de cura da consciência 131
Posição supina 37s., 42, 120
Postura 37
  de vigilância 38, 42, 49
  do "leão adormecido" 193, 195
  mais adequada para a meditação 120
Prajna 112
Prana 76, 121
Práticas de devoção 12
Prazeres transitórios 49
Pré-requisitos 79, 81, 84, 100
Primeiro estágio 13, 44, 53

Princípio
    da Conservação da Massa-energia 174
    fechamento 174
Prioridades 45, 47, 49, 64, 66
Profissional
    treinamento 29
Projeto Shamatha 16
Prospectiva
    memória 90, 153
Prozac 64
Psicofísicas
    constituições 144
Psicologia budista 63s., 98, 112
Psicológico
    sistema imune 71, 129
Psicossomático
    sistema 59
Pulgas 80
Pulsos de cognição 98
Purificação 25, 206, 209

Quarto estágio 28, 92s., 128
Quênia 152
Quiescência meditativa 161
Química 211
Quinto estágio 26, 109s., 119

Raiva
    cf. tb. Aversão; Ódio; Hostilidade
Realismo ingênuo 148
Realização 33, 50s., 58, 72, 103, 113, 130s., 155, 158, 161s., 169, 189s.,
    196, 198-200, 202, 208, 215
Reclusão 78, 109, 208
    cf. tb. Isolamento; Retiro

Reforma Protestante 138
Relaxamento 36s., 39, 41, 49, 53-57, 72s., 99s., 116, 122, 124, 206
 ênfase no 41, 72
Renascimento 193
Reputação 49, 81
Resistência 71, 109, 133, 197
Respiração 26, 38-40, 43-45, 49, 53-59, 61, 72-76, 93-95, 99, 104, 117, 127s., 130-132, 155, 170, 194, 198
 contagem da 75
 do vaso 115, 120s.
 mais saudável 44
 cf. tb. Atenção plena à respiração
Ressonância magnética 196
Retiro 7s., 14-17, 30, 35, 78, 85, 88, 138, 141, 205
Retrospectiva
 memória 90
Revolução Científica 138
Riqueza 49, 81

Sabedoria 7, 47, 50, 86, 96, 103, 137, 158, 180, 186, 206s., 211s.
Sakya 186s., 208
Samadhi 88, 157s., 161, 169, 173, 184, 188, 194, 200s., 204, 207, 209, 213, 221
 perfeito 184
Sanidade 123, 130, 138, 184
Sânscrito 58, 65, 92, 176
Śāntideva 48, 112, 188, 207
Santo Agostinho 215, 217
Sati 90-92
 cf. tb. Atenção plena
Segundo estágio 53s., 69, 71s.
Self 140

Sensoriais
    distrações 53, 88
    matriz de fenômenos 126
Serenidade 49, 64, 67, 72, 100, 103, 110, 129, 185, 206
Sétimo estágio 154s.
Sexto estágio 133
Shamatha 7s., 12-15, 17, 24-26, 30, 33-36, 52, 54, 64, 70s., 76-79, 81-83, 92-95, 97, 100, 103, 110, 112-118, 121s., 124, 128-130, 134, 147, 151, 153, 155, 158-162, 165s., 169-173, 176-178, 184-186, 188-191, 193, 197-199, 201-203, 205-209, 211-213, 216, 218
    atingimento de 13, 98, 110, 160, 170, 172, 178, 189, 196, 203, 205
    sem sinal 169s., 176, 188, 193
Simplicidade 64, 82
Sinal(is) 33, 64, 142, 169, 198, 205
    adquirido 93-95, 97, 198
    de contrapartida 198, 200, 202s.
    de progresso 100
    de sonho 152, 165
Sobrenaturais
    eventos 152
Sócrates 217
Sofrimento 46, 52, 66-68, 106, 131s., 215s.
    causa-raiz do 101
    liberação do 100
Solidão 78, 82, 103
Solitário
    confinamento 78
    retiro 14s., 66, 141
Sonho(s) 27, 44, 51, 100, 147-153, 164-166, 179, 181, 183, 191-195
    conteúdos do 191
    diário de 152
    estado de 147, 151-153, 193-195
    lucidez no 179

lúcido 147, 149, 151, 165s., 191, 193
　　　despertar durante 165
　　　iniciados na vigília 165
　　　pesquisa científica 147
　　　prática diurna 179
　　　prática noturna 164
　　transformação dos conteúdos do 191
Sono 42, 109, 161, 199
　　profundo sem sonho 44, 159-161
Sonolência 200, 221
　　cf. tb. Letargia
Sri Lanka 15, 190
Stanford, Universidade de 7, 15
Substrato 160-162, 177
Supercordas 181

Tanque de privação sensorial 171s.
Táteis
　　sensações 37, 54, 59, 62, 73, 94s.
　　　associadas à respiração 53, 56s., 73, 88, 93s., 99, 127
Tédio 78, 85, 138
Telescópica
　　visão 76
Tensão 35, 37, 39, 41s., 76, 97, 124
　　cf. tb. Estresse
Teoria da Relatividade 181
Terceiro estágio 69s., 74, 77, 192
Theravada 40, 57, 74, 91s., 95, 113, 159s., 190, 198, 209
Thoreau, Henry David 78
Tibetana
　　medicina 36, 144
　　tradição oral 29, 205

Tibetano(s) 30, 36, 125, 139s.
    budismo 7, 12-15, 26s., 79, 97, 144, 185s., 189, 195
    contemplativos 70, 110, 138, 157, 189s.
        cf. Contemplativos tibetanos
Tonglen 130s., 139
Tranquilidade 94, 110
Transtorno do Déficit de Atenção com Hiperatividade 19
Tristeza 66s., 97, 142, 202, 215
    cf. tb. Depressão
Tsongkhapa 186, 189, 207

Vacuidade 178, 187s., 190, 194, 204
    realização da 190
Vale de Kangra 80
Valium 64
Vasubandhu 89
Verificação de estado 150, 152s.
Vida 19s., 46, 62s., 115, 179, 184, 195, 215
    disfuncional 84
    meio ético de 83, 191
    significativa 215
    símbolos da boa 49
Videogame 124
Vigilância 37s., 42, 49, 54, 57, 72, 86
Vigília 149s., 153, 164, 166
    estado de 147, 149, 153, 164, 179s., 182s., 195, 199
Vipashyana 92, 157s., 173, 177, 188, 190s., 203, 207-209, 212
    perfeição de 208
    cf. tb. Vipassana
Vipassana 26, 33, 90, 157
    tradição moderna do 89s., 96
Virtudes 85-87, 185, 218

Visão 50s., 68, 76, 90, 98, 111, 115, 123, 127, 131, 140, 148, 158s., 182, 195, 217
   de mundo 138, 179
   materialista 160
   remota 213
Visualização 33, 97, 114, 195
Vitais 143
   energias 76, 115, 120s., 196s.
Vivacidade 26, 29, 72s., 75, 94s., 99s., 110, 122s., 133, 137, 147, 153, 163, 166, 170, 186, 191, 197, 201s.
   alto grau de 98s., 155
   aumento da 72, 75, 100, 128
Voar 156, 192, 212s.

Wegner, Daniel M. 174s.

Budismo tibetano
Abordagem prática de seus fundamentos para a vida moderna

B. Alan Wallace

O *Budismo tibetano* é uma das muitas tradições espirituais que se desenvolveram a partir das palavras ensinadas pelo Buda histórico, há cerca de 2.500 anos. A palavra sânscrita *Dharma*, para a qual não existe equivalente adequado nas línguas ocidentais, refere-se à compreensão e ao comportamento que levam à eliminação do sofrimento e suas fontes e à experiência de um estado duradouro de felicidade e realização.

Essa obra resulta de várias exposições feitas pelo autor a públicos ocidentais visando transmitir de forma compreensível os ensinamentos básicos do budismo tibetano, e progredindo gradualmente para teorias e práticas mais sutis e avançadas. Trata-se de uma excelente introdução, prática como um guia, para leitores sem qualquer base anterior ao budismo tibetano.

B. Alan Wallace, PhD, tem pesquisado e praticado o budismo há mais de 40 anos e tem realizado *workshops* e retiros de "yoga dos sonhos" há mais de 20 anos. Além de ter sido monge budista tibetano e ter formação em Física, é um respeitado estudioso da religião. É o fundador do Santa Barbara Institute for Consciousness Studies e autor de vários livros, incluindo *Embracing Mind: The common Ground of Science and Spirituality*; *A revolução da atenção* (Vozes, 2008) e *Despertar no sonho* (Vozes, 2014).

Conecte-se conosco:

 facebook.com/editoravozes

 @editoravozes

 @editora_vozes

 youtube.com/editoravozes

 +55 24 2233-9033

www.vozes.com.br

Conheça nossas lojas:

www.livrariavozes.com.br

Belo Horizonte – Brasília – Campinas – Cuiabá – Curitiba
Fortaleza – Juiz de Fora – Petrópolis – Recife – São Paulo

  Vozes de Bolso

EDITORA VOZES LTDA.
Rua Frei Luís, 100 – Centro – Cep 25689-900 – Petrópolis, RJ
Tel.: (24) 2233-9000 – E-mail: vendas@vozes.com.br